山口大学東アジア研究叢書5

成長するアジアにおける教育と文化交流

国立大学法人
山口大学大学院東アジア研究科【編著】

石井 由理・熊井 将太【編集責任】

溪水社

はじめに

　山口大学大学院東アジア研究科は、2010年3月に東アジアプロジェクト研究の成果をまとめた研究書、『台湾の都市高齢化と社会意識』を刊行した。その後、東アジア研究叢書として、2012年7月にその第1巻の『東アジアの格差社会』を出版した。それ以来、隔年で『教育におけるグローバル化と伝統文化』、『東アジア伝統の継承と交流』および『東アジアにおける医療福祉制度の持続可能性』を発刊してきた。このたび、第5巻として、『成長するアジアにおける教育と文化交流』と題して、アジアにおける教育をはじめとする各種の交流活動や教育に係る諸問題・解決提案等の研究成果をまとめて発刊することになった。

　山口大学大学院東アジア研究科は、2001年4月に設立された、東アジアをはじめとする国・地域で指導的役割を果たす高度専門職業人を養成する後期博士課程のみの研究科である。現在、「アジア比較文化コース」、「アジア経済・経営・法律コース」、「アジア教育開発コース」、「アジア公共管理コース」の4つのコースで、40数名の教員と、アジアを中心とする学生が研究と教育に携わっている。学生はこれまで、日本はもとより、中国、台湾、韓国、ベトナム、インドネシア、マレーシア、ネパール、バングラデシュ、ハンガリー、ウクライナ、トルコ、アフガニスタン、メキシコなどの国・地域から入学し、複眼的な視野と柔軟な思考力のもとに、現代社会で生起する様々な課題について探求してきた。地方都市に所在し、博士課程を持つ人社系研究科としての本研究科は、このような高度な学術研究を地域社会に公開・還元する活動の一環として、隔年で「東アジア国際学術フォーラム」を催しており、2018年に「成長するアジアにおける教育と文化交流」というテーマでフォーラムを開催した。

　現代社会は、ヒト、モノ、情報、技術が国境を越えて行き交い、国と国との結びつきがかつてないほど深まっている。国際的な人的流動が広がり、異なる文化・文明の接点が益々拡大している。このようなグローバル化が進む国際社会において、特に目覚ましい経済成長を続けているアジアの国や地域は、その存在感を高めている。かつてのような西洋のモデルを追う

受動的な存在としてではなく、文化や技術等を吸収する一方で自らも国際社会に向けて発信する者へと変貌してきている。このような変化は常に教育的活動と密に関連している。自国言語や文化の外国への普及や、自国民の外国語の習得のための教育、大学や学校における外国人受け入れのあり方など、教育の影響は様々な分野に表れている。2018 年開催のフォーラムでは、中国、韓国、タイ国、台湾といったアジアの国や地域から、日本をはじめとする諸外国との連携を進めてきた経験をもつ研究者を招き、日本からの発表者も含めて、大学教育や学校教育における国際的な文化交流活動の実情と課題等について発表し、相互に知見を深めることができた。

このフォーラムの成果を基盤に、本書はフォーラム登壇者の金鍾徳、胡令遠、ソムチャイ・チャカタカーン、林呈蓉、山本冴里の五氏の論文に、アジアの教育と文化に関する新しい研究成果も加えて、全 12 章の構成になっている。第 1 章～第 4 章は、大学国際化における自国言語の教育、国家間の交流歴史、大学の歴史的変遷、言語教育を通じた「東アジア」地域への貢献など、様々な観点から、現代アジアの交流について論じている。第 5 章～第 8 章は、教育における ICT の活用、地域における日本語教室、授業研究の国際展開、科学的素養の形成における現代理科教育、などの視点から、グローバル化社会における現代教育の課題やあり方等について考察している。第 9 章～第 12 章は、植民時代及びその後のキリスト教の役割、東アジア諸国の近世社会比較のあり方、アジアにおける西洋音楽の受容と変化など、歴史的視点かつキリスト教の影響から見たアジアの変化について論述している。

最後に、本書の基礎となった 2018 年東アジア国際学術フォーラムの開催については、山口大学人文学部、教育学部、経済学部等から支援をいただいた。ここに厚く御礼申し上げたい。本研究科は今後も研究成果の公表として研究叢書の発刊を続けていきたく、今後とも皆様方のご支援とご協力をいただきたい。

2019 年 10 月

山口大学大学院東アジア研究科長　葛　崎偉

『成長するアジアにおける教育と文化交流』

目　次

山口大学東アジア研究叢書5
成長するアジアにおける教育と文化交流

第一章
韓国の大学国際化とハングルの教育

1　はじめに

　韓国の大学が積極的に諸外国と交流協定を締結したり、留学生を受け入れたりして国際化・国際交流に力を入れるようになったのは、少子高齢化が深刻な社会問題になり始めた 2000 年代からだと思われる。近年、韓国の少子高齢化問題は世界で最も深刻で危機的状態に陥りつつある。韓国の統計庁によると、2017 年の出生数は 35 万 7 千人余りで、合計特殊出生率は経済協力開発機構（OECD）の平均（1.68 人／ 2016 年）どころか、世界最低の 1.05 人を記録している。そこで韓国は 2000 年に高齢化社会（65 歳以上の全人口比 7%）、2017 年に高齢社会（14%）になり、2025 年には超高齢社会（21%）になることが予想されている。

　少子化の背景には女性の社会活動、子育ての問題、非婚化、晩婚化などで婚姻率が下落し、出生率低下をもたらしていることが指摘されている。このような少子化は各大学の入学者数定員割れ、生産年齢人口の減少、徴兵制の兵役や国民年金など、様々な社会問題に影響を及ぼしている。そこで 2000 年代から地方の私立大学に定員割れが起きたが、最近は首都圏の大学にまで押し寄せている。このような定員割れは大学や専門学科の統合、教室の崩壊、大学財政の悪化を招来している。しかも韓国の教育部は 11 年間も大学の授業料を凍結しているので教育の質が顕著に落ち、特に入学者数定員割れになった地方の大学は財政が悪化し、キャンパス統合や廃校となる大学も増えてきた。

　教育部の韓国教育開発院・教育統計研究センターの教育統計サービス（KESS）[1] によると、韓国の私立大学と国公立大学の割合は私立大学 82%（156 校）、国公立大学 18%（35 校）で、日本の私立大学 77%（588 校）、国

公立大学23％（169校）と比べると私立の割合が5％ぐらい高い。韓国の大学進学率は2005年82％で頂点に達し、2009年78％、2014年71％、2017年には69％に減っている。最近、韓国の大学進学率は13％も下がっているが、OECD平均（2016年、41％）や日本（2019年、54.7％）に比べるとまだ高い方である。韓国の大学進学率が下がったのは少子化と経済状況、企業生産拠点の海外移転、卒業生の就職難が原因といえよう。そして大学の入学者数定員割れは地方から首都圏にまで桜前線のように上がりつつあるといわれる。

　韓国の教育部は2018年8月、「大学基本力量診断」[2)]評価を実施し、その結果を全国の一般大学（4年制）187校と専門大学（2年制）136校に通知している。この評価は高等教育機関の基本要件と可能性を診断し、国の財政支援や大学の定員を制限するという措置である。また2019年8月には「2021年大学基本力量診断基本計画」を年内に確定すると発表しているが、結論は全国の大学に自立的に定員の規模を縮小させる計画である。教育界では現在の大学定員が維持されると、2024年には全国大学の入学定員の25％が足りないという厳しい状況になると指摘している。

　そこで全国の大学は教育部の基本力量評価、イギリスのQS（Quacquarelli Symonds）やTHE（Times Higher Education）評価、国内新聞社などの大学ランク付け評価などに備え、良い評価を受けるための対策を講じている。以下、韓国の大学が教育部の診断評価やQS、THEなどの評価に備え、留学生の受け入れやハングル教育など、どのように国際化に対応しているのかについて述べてみたい。また大学の国際化と受け入れた留学生の支援、ハングルの発明と教育について考察してみたい。

2　韓日の大学評価動向

　韓国の大学でQSやTHEなどの評価に対応しているのは主に国立大学と首都圏の大学で、他の私立大学が最も力を注いでいるのは教育部・教育開発院が実施する基本力量評価である。特に2018年8月、教育部が大学改革のために実施した「大学基本力量診断」は、その評価の結果によって奨学金の国費支援や入学定員が調整されるので各大学はパニック状態に

なった。全国の大学は評価の結果によって新入生の志願率、大学の統合や廃校にもつながるので、各大学は必死になって対応した。そこで全国328校（一般大学191校、専門大学137校）の大学は、良い評価を受けるためには構造改革と国際化のほかに生き残る道はないと判断している。

　イギリスのQSが発表した「QSアジア大学ランキング2019」によると、1位はシンガポール国立大学（NUS）、2位は南洋理工大学（シンガポール）、3位は清華大学（中国）であった。トップ24の大学に中国6、韓国5、日本5、香港4、シンガポール2の大学がランクインし、2018年に比べて中国と日本の大学が躍進している。韓国の大学は、ソウル大学校が8位、韓国科学技術院（KAIST）が10位、浦項工科大学校（POSTECH）が20位、高麗大学校が21位、成均館大学校が24位であった。韓国の大学で24位以外の順位は延世大、漢陽大、慶熙大、GIST、梨花女子大、韓国外大、中央大、東国大、西江大の順で、2018年とあまり変わらなかった。日本の大学は4位の東京大学、7位の京都大学、14位の東京工業大学、16位の大阪大学、19位の東北大学がランクインしている。

　ところが、「QSアジア大学ランキング2020」では、トップ3の大学は2019年と同じで、4位に東京大学と北京大学、6位が香港大学、7位が香港科技大学、8位が京都大学、9位がソウル大学、10位が復旦大学であった。アジアの大学で25位（世界ランキング100位）以内に入っているのは中国6校、韓国5校、日本5校であった。韓国国内の大学順位はソウル大学、KAIST、高麗大、POSTECH、成均館大、延世大、漢陽大、慶熙大、GIST、梨花女子大、韓国外大、中央大、東国大、西江大、カトリック大の順であった。そして日本国内のランキングは東京大学、京都大学、東京工業大学、大阪大学、東北大学、名古屋大学、北海道大学（7位）、九州大学（7位）、早稲田大学、慶応義塾大学、筑波大学、広島大学、東京医科歯科大学、神戸大学、千葉大学の順であった。

　QS世界大学ランキングの評価基準は、下記の6項目を合計した総合得点でランクを付けている。1.学界からの評判：40％、2.企業からの評判：10％、3.教員あたりの学生数：20％、4.教員一人あたりの論文引用数：20％、5.外国人教員の割合：5％、6.留学生の割合：5％である。QS評価は学界と企業からの評判が50％で、外国人教員と留学生の国際化が

10％を占めている。

　韓国の上位 10 校の平均ランキングは引き続き上がっているものの、トップの大学は停滞しているとの分析である。世界ランキング上位 10 校の平均が中国は 134 位、日本は 104 位であるが、韓国はまだ 149 位でもっと頑張る必要がある。去年の評価で 8 年連続世界 1 位であるマサチューセッツ工科大学（MIT）は、2019 年から人工知能（AI）テクノロジーの教育課程を再編成する計画を発表している。MIT の尖端科学の研究やベンチャー起業の支援プログラムなどを、韓国の大学も積極的に見習うべきだと思う。

　世界 1,250 以上の大学を評価している「THE 世界大学ランキング 2018」でアジアトップ 3 は、1 位が中国の清華大学（世界 22 位）、2 位がシンガポール国立大学（23 位）、3 位が北京大学（31 位）であった。そして世界ランキング 200 の大学にランクインしたのは、中国 7 校、韓国 5 校、香港 5 校、日本 2 校、シンガポール 2 校で、中国の大学が躍進している。韓国の大学はソウル大学校（63 位）、成均館大学校（82 位）、韓国科学技術院（102 位）、浦項工科大学校（142 位）、高麗大学校（198 位）の順であった。日本の大学では、東京大学（42 位）、京都大学（65 位）の 2 大学だけが世界ランキング 200 にランクインしているが、「THE」調査 1000 校の中には 103 校がランクインし、アメリカの 172 校に次ぐ世界 2 位であった。

　「THE アジア大学ランキング 2019」で上位 10 のランキングは、1 位に清華大学、2 位にシンガポール国立大学、3 位に香港科技大学、4 位に香港大学、5 位に北京大学、6 位に南洋理工大学、7 位に香港中文大学、8 位に東京大学、9 位にソウル大学、10 位に成均館大学がランクインしている。そしてトップ 20 にランクインしている大学は中国 6 校、韓国と香港各 5 校、日本とシンガポールが各 2 校で、前年とほぼ同じである。韓国の大学はソウル大学（9 位）、成均館大学（10 位）、KAIST（13 位）、POSTECH（16 位）、高麗大学（19 位）の順であった。日本の大学は東京大学（8 位）と京都大学（11 位）だけが前年と同じくランクインしているが、日本はノーベル賞受賞者を 27 名も輩出した国でもあり、大学評価の順位がそのまま研究成果に繋がるとは限らないようだ。THE アジア大学 2019 の評価基準は教育（25％）、研究（30％）、引用（30％）、国際化（7.5％）、産業収入（7.5％）の

5分野において評価を行っている。THE評価は研究に関わる引用などに重点があって全体の60％も占め、国際化の割合はQS評価よりやや低いようである。

　韓国の教育部と教育開発院は少子化による学齢人口の減少対策として、2018年に「大学基本力量診断」[3]評価を実施した。全国の大学を5大圏域に分け（地方の大学を配慮）、高等教育機関の基本計画によって1、2段階に分けて評価した。そして各大学の不正などを確認し、全国の大学を「自律改善大学」、「力量強化大学」、「財政支援制限大学Ⅰ.Ⅱ.」に区分した。1段階診断では、323校のうち293校（一般大学160校、専門大学133校、30校は申請除外）を対象にした。1段階（75点）では上位207校（64％）の大学（一般大学120校、専門大学87校）を「自律改善大学」に選定し、2段階診断なしで評価が終了する。2段階診断（25点）は残りの86校（一般大学40校、専門大学46校）を対象に高等教育機関としての持続可能性、大学運営の健全性などを診断評価した。2段階診断を受けた大学は1、2段階の合計点数によって、「力量強化大学」66校（20％）、「財政支援制限大学」類型Ⅰは9校（3％）、類型Ⅱは11校（3％）に分けられた。また2020年には再評価し、2021年までに約1万人の学生定員が削減される予定と発表された。

　そして教育部は2019年の8月、「2021年大学基本力量診断基本計画（試案）」[4]を発表し、大学の意見を収斂して年内に確定すると発表した。教育部長官は、人口構造の変化と第4次産業革命に対応する方案として、「革新の主体となる大学、大学の自律革新を支援する地域と政府」を政策方向に設定し、「2021年大学基本力量診断」は大学の適正規模と教育の質を向上させる政策を推進すると述べている。また2021年の診断方向として、1. 大学の自立性尊重（在学生の人数を大学自ら決める）、2. 地域大学への配慮（5大圏域：首都圏、江原・忠清、大邱・慶北、湖南・済州、釜山・蔚山・慶南）、3. 大学評価の負担緩和などを掲げている。また教育部は診断を申請した大学（一般大学、産業大学、専門大学）の中で、一定水準以上の自律力量を備えた大学を「一般財政支援対象大学」に選定し、3年間（22〜24年）一般財政を支援する計画であると発表した。

　「2021年の大学基本力量診断基本計画（試案）」では、大学の規模などに

ついて自らの計画によって適切な規模を設定するか、学生や保護者の選択によって調整することになっている。そこで教育部次官も「学生人口が激減している現在、大学が自ら革新する機会でもある」と述べている。また5大圏域別に優先選定方式を維持し、圏域選定の割合を拡大して、圏域：全国＝9：1にするとされている。そして、入学充足率、専任教員確保率、就職率などの満点基準をそれぞれ首都圏と非首都圏、圏域別に分離して適用し、大学の所在による影響を最小限にするという。ところが、全国の大学は教育部の発表に具体的な解決策がなく、第4次産業革命に関わる研究開発費の支援もなく、今までの政策を繰り返していると反発している。特に各大学は11年も凍結されている授業料で大学財政が瀕死の状況であると指摘している。

　韓国の教育部と各大学は、教育哲学や教育健全性、教員や学生数、財政状況などによって事情は異なるが、次のようなグローバル教育環境や評価の対策を整えている。

---

1. 学生の英語力向上（2017年 TOEIC 平均：676点／990、TOFEL 平均：83点／120）と英語での授業を増やしている。
2. 外国人留学生を受け入れる。（142,200人［2018］、教育国際化力量認定制〈IEQAS〉）
3. 交流協定による交換留学生の増加。
4. 大学教員の英語圏留学と SCI、A&HCI 級の論文作成を大学が支援する。
5. 外国人教員の採用（外国語の授業など）
6. 理工系大学の設立（KAIST、POSTECH、GIST）
7. 教育部が BK21（頭脳韓国21、1999年）、HK（人文韓国事業、2007）などのプロジェクトで支援
8. 経済発展と韓流による外国人のハングル教育を支援する。

　すなわち、各大学の状況はそれぞれ違うが、少子化による学生数の減少、国の授業料凍結（11年間）、大学改革による統制などで厳しい環境におかれている。そこで各大学は QS や THE などの評価、朝鮮日報や中央日報などの新聞社評価、教育部の「大学基本力量診断」評価に担当部署を設けて必死になって対応している。特に上位グループの大学は各種の評価で引

き続き高い順位を守るために、教育環境の改善、教員の研究力向上、国の大規模プロジェクトに参加して予算を確保し、国際交流などにも力を入れている。

3　大学の国際交流

　全世界の大学はグローバル化で 2014 年現在、留学生数が約 450 万を超えている。グローバルノート - 国際統計・国別統計専門サイトによると [5]、2017 年の留学生の受け入れ 1 位はアメリカが 971,400 人で最も多く、2 位イギリスが 432,000 人、3 位オーストラリア 381,200 人、4 位フランス 245,340 人で、引き続きドイツ、ロシア、カナダ、中国、日本（2018 年、337,000 人）の順であった。また同年、留学生を送り出している主要国は中国が 1 位で 869,380 人、2 位インド 305,970 人、3 位ドイツ 119,020 人、4 位韓国 105,360 人で、5 位フランス、6 位カザフスタン、7 位サウジアラビアの順であった。留学生受け入れが最も多いのはアメリカで、最も大勢の留学生を送り出している国は中国であった。杉村美紀は「日本の留学生動向として特異なのは、日本人留学生の伸び悩みという点である」と述べ、「受け入れ留学生の増加は日本の『留学生受け入れ 30 万人計画』の目標達成に合致する」[6] と指摘している。従来の留学生は途上国から先進国へ移動するのが普通であったが、最近では先端科学や地理、政治経済の要因で先進国同士、先進国から途上国への留学も増えている。

　韓国の大学がグローバル化を推進しはじめたのは、1988 年ソウル・オリンピック以降、海外留学が自由になってからだと思われる。最近、政治家のポピュリズム政策で半額授業料公約などの影響で教育部の授業料凍結（11 年間）、大学卒の厳しい就職難で大学進学率も低下したので（2017 年、69％）、全国の大学は競うように国際化を推進し、大勢の留学生を受け入れるようになった。海外からの留学生が急速に増えたことで宿舎不足、奨学金、ハングル教育、学習能力の問題など、対応が遅れている点も多々露見している。

　教育部の韓国教育開発院・教育統計研究センターの教育統計サービス（KESS）[7] 資料によると、2018 年の全国大学生数は約 338 万人（女子学

生は 44％）で、そのうち留学生は 142,200 人（4.2％）であった。学部、修士、博士課程の留学生が約 86,000 人（60％）、語学研修などが約 56,200 人（40％）であった。設立別に国立に留学している学生は 23,430 人（16％）、私立が 118,130 人（83％）、公立が 636 人（1％）で、私立の大学が 8 割以上であった。地域別にはソウルと首都圏の留学生が 78,020 人（55％）、釜山が 11,570 人（8％）、全南が 1700 人（1％）などで、首都圏と大都市に留学生が集まっていることが分かる。大学別（2017 年）の留学生数は、①高麗大学が 6,690 人で最も多く、②慶熙大学が 5,031 人、③延世大学が 4,695 人、⑨ソウル大学が 2,853 人、⑩韓国外大が 2,709 人の順であった。

　韓国の教育部が 2004 年、「大学のグローバル化」と「Study Korea Project」を掲げた後、全国の大学キャンパスが国際化して留学生数は爆発的に増加している。そして教育部は 2023 年までに、留学生 20 万人を誘致する目標を立てている。留学生は各大学が自律的に選抜をしているが、90％はアジア出身で、中国人の学生が圧倒的に多く全体の約 60％を占めている。各大学は留学生寮など基本的な設備を整えており、純粋な外国人の志願資格は韓国語能力試験（大抵 TOPIK4 級以上）の試験だけで入学できるようになっている。しかし、留学生が仕事を見つけて大学から離脱したり、専門学問についていけず中途脱落する割合も 6.6％（2018 年）であった [8]。このように韓国の大学国際化は着実に発展しているものの、留学生の地域偏重と中途脱落はこれから解決すべき問題といえよう。

　韓国教育開発院・教育統計研究センターの教育統計サービスによると、大学の外国人教員も 2004 年以来着実に増えている。2018 年現在、全国大学の専任教員は約 90,290 人で、設立別には一般大学が 66,850 人（74％）、専門大学が 12,580 人（14％）、大学院大学が 7,580 人（8％）で、教育大学、サイバー大学、放送大学、産業大学などが 4％であった。このうち外国人教員は 5,441 人（6％）で、一般大学 4,876 人（7％）、専門大学が 476 人（3.8％）であった。一般大学が専門大学より 10 倍ぐらい多いのは、大学数と教育内容が純粋学問と実用学問であることが背景にあると思われる。

　以下では筆者が在職していた韓国外大（HUFS）の国際化について報告したい。韓国外大は 2018 年 9 月現在、18 大学の 78 学科、9 つの大学院、

32 の付属研究所を設置している。教員数は約 700 人で、韓国人教員が 512 人（73%）、そのうち外国人教員は 188 人（27%）で、全国の外国人教員の割合に比べて 4.5 倍もある。ソウルと龍仁の両キャンパスで 45 カ国語を教えている大学で、韓国では地域文化研究と外国語教育の拠点となっている。在学生総数は 19,919 人（学部 17,345、大学院 2,574）、外国人留学生は 111 カ国から約 3,300 人が留学している。諸外国と交流協定を締結しているのは 97 カ国で、大学が 548 校で、研究機関が 58 カ所と韓国最高のグローバル大学をめざしている。国別にはアメリカに 73 の大学、中国に 54 の大学、日本に 40 の大学、フランスに 28 の大学、インドネシアに 21 の大学、ドイツに 19 の大学、ベトナムに 12 の交流協定締結大学や機関を有する。韓国外大は QS や韓国の中央日報などの評価で、国際化部門はいつも国内で 1 位にランクされている。

　韓国外大の国際化対策としては、在学中 1 年間の交換留学生のほかに、学部生は 7+1 の派遣奨学金制度で、8 学期のうち最低 1 学期を海外で勉強し、在学中からグローバルマインド強化が要求される。1950 年の韓国戦争で国連参戦兵士の子女（90 人、14 カ国）に奨学金や生活費を補助したり、2017 年に制定された特殊外国語振興法に基づき、国立外国語教育院から 53 の外国語教育に対する特別予算を受けている。また韓国外大でアジアにおける 11 の外国語大学総長フォーラムが開催され、オバマホール（Obama 大統領が講演）は訪韓した世界のリーダーが講演する場所として知られている。

　大学院生は UPEACE（国連平和大学）と修士課程共同学位プログラムを運営し、大学院国際地域研究科は修士課程にアジア、アフリカ、ラテンアメリカの発展途上国から政府関係者を招待し、通訳翻訳大学院と通訳翻訳センター（CIT）では通訳・翻訳の教育とサービスを提供している。韓国外大の韓国文化教育院では 2018 年夏学期に、47 カ国から来ている約 700 人の語学研修生がハングルと韓国文化を習っている。国別研修生の人数は中国 313 人、ベトナム 155 人、日本 66 人、台湾 26 人、ポーランド 12 人、モンゴル 11 人であった。韓国外大の 15 万人余りの卒業生は主に外交官、国際機構、ジャーナリスト、弁護士、国家公務員、トップ企業など、多様な分野で活躍しているが、諸外国と関わりのある分野で活躍して

いる同門が多い。

4　ハングルの発明と教育

　漢字文化圏の国々はインド、中国に発する仏教と儒教、漢字などさまざまな文化を共有している。特に上古の時、固有文字のなかった漢字文化圏の諸国では漢字を借用して固有語を表そうとした。新羅の郷歌式表記法（吏読）、日本の万葉仮名、ベトナムの字喃（チュノム）などはすべて漢字の音訓を借用した表記法であった。しかし、各国はそれぞれの固有語や伝承歌謡などの微妙な感情を表意文字の漢字を借用して表記することは不便かつ限界があった。

　そこで日本では平安時代に万葉仮名を草書体にした平仮名が、漢字の一部をとって略体化した字体で片仮名が発明された。またベトナムでは17世紀にフランスの植民地時代から、チュノムに代わってラテン文字を使用してベトナム語を表記するようになった。韓国では新羅以来の吏読がすたれ、朝鮮の世宗王（1418-50）の時代になって新しくハングル文字が創制される。『朝鮮王朝実録』世宗25年（1443）12月条には[9]、新しく作った諺文二十八字はどんな文字も俚語もたやすく書けて、簡単でありながら転換が無窮であると述べている。ハングルは漢字とは異なる全く新しい表記法であったので猛烈に反対する漢文学者もいたが、世宗王は1446年に『訓民正音』（ハングル）を創刊した。

　朝鮮通信使の書状官として1443年、京都を訪問した申叔舟（1417-75）は王命を奉じて撰進した『海東諸国紀』（1471）に、「男女と無く皆其の国字を習う。国字は加多干那と号す。凡そ四十七字なり。唯僧徒は経書を読み漢字を知る」[10]と述べている。申叔舟は京都で見聞したこの体験を『訓民正音』を創刊しようとする世宗王に報告しただろうと思うが、『朝鮮王朝実録』などには何の記録も残っていない。ただ彼が臨終の際、当時の成宗王に「願わくは国家、日本と和を失うことなかれ」[11]という遺言を残したことは人口に膾炙していたようだ。これらの逸話で彼がいかに文字の教育、外交と和平を大事にしていたかが分かる。

　しかし、朝鮮では新しく発明されたハングルは漢字に対して、諺文、女

文字、子供の文字と言って軽視され、おもに女性が日記、随筆、物語を書くのに使用されている。このような傾向は日本でも同様で、男性貴族が書く漢字を真名（男文字）といって、仮名文字は女文字、女手、女仮名などと言われた。すなわち、日韓両国とも新しく発明された固有文字に対して、漢文に慣れている男性貴族官僚は否定的に受け取っていたのである。『土佐日記』の冒頭にある「男もすなる日記といふものを、女もしてみむとてするなり」[12] という表現は、男は漢文、女は仮名で日記を書くんだという時代状況を克明に表しているといえよう。

　江戸時代に両国を往来した朝鮮通信使が日本の知識人との交流で固有文字のことが話題になっている。徳川吉宗の将軍職襲位を祝賀するために訪日した通信使の製述官・申維翰（シン・ユハン、1681-1752）が書き残した『海游録』は、1719 年 4 月に漢陽（ソウル）を出発して 1720 年 1 月帰国するまでの約 9 カ月の記録である。次の引用は 1719 年 10 月 25 日、申維翰が日本の文士と詩文を交流し、朝鮮のハングルについて話し合う場面である。

　　　群倭はまた、我が国の諺文（訓民正音のこと）の字形を見ることを請う。ほぼそれを書いて示した。また何の代に創ったかを問う。余は答えて曰く、「これ、我が世宗大王（李朝四代目の国王）が聖文神化、博く百芸に通じ、作るに十五行の新しい文字をなし、もって万物の音を模写する。今を距ること三百年前である」と [13]。

　日本の文士はハングルに興味を持って字形と成立年代について聞き、申維翰はそれを書いて示したのである。日本人はその字形を見て中国古代の予言書『河図洛書』の文字のようだと指摘している。ここで注意したいのは朱子学者の申維翰もしっかりハングルを覚えていて、「万物の音を模写する」文字であると説明している点である。すなわち、申維翰はハングルが漢文とは違う表音文字だということを日本の文士に確認させている。

　また申維翰は日本の仮名文字の流布を見て、次のように書いている。

　　　倭国には、旧くは文字がなかった。百済王が文士王仁や阿直岐を遣わして、はじめて文学を教え、経年講習してほぼ伝うるところとなった。（中略）今、その俗を観ると、文をもって人を用いず、文をもって公事をなさ

ない。関白はじめ各州の太守、百職の官は、一人として文を解する者なく、ただ諺文（仮名）四十八字をもってし、ほぼ真書（漢字）数十字をこれに混用す。これで、状間や教令をつくり簿牒や書簡もつくって、上下の情を通じあう。国君の指導が、おおむねかくの如くである[14]。

　申維翰の目に映った日本の文人官僚の公文書は、漢文でなくすべて48文字の仮名で「上下の情」を通じ合うのであった。また漢字の音読みしかない朝鮮と違って、訓で読み字音となすことに感心したようだ。申叔舟は日本人が「男女と無く皆其の国字を習う」と書いているが、申維翰も公文書を「文（漢文）」でなく「仮名」で書いて上下が通じ合うと述べ、仮名文字の使用に感動をこめている。当時、通信使の接待役であった雨森芳洲は申維翰に、「日本人の学んで文をなす者は、貴国と大いに異って、力を用いてはなはだ勉むるが、その成就はきわめて困難である」[15]と述べ、漢文が難解であったために仮名文字が普及されたと説明している。

　韓国では近代になって民族意識の鼓吹とともに公文書や新聞などにハングル使用が流布され、「ハングル」という名称も作り出された。そして周時経、崔鉉培などによるハングル研究も徐々に進んだ。2005年、ハングル専用を法律で決めた「国語基本法」が制定され、新聞や初・中等学校の教科書から漢文が消えた。しかし、韓国語の7割以上が漢字語なのでハングル専用に反対する声もあって、小学生から学力をつけるために漢字学習が流行っている。

　「世宗学堂（King Sejong Institute）」は2012年に、韓国の文化体育観光部が教材の支援、教員の要請・派遣、文化広報、韓国語と韓国文化の海外普及のために設立した。「世宗学堂」は2019年8月現在、全世界60カ国180箇所に開設しており、アジアに105箇所、ヨロッパに38箇所、アメリカに29箇所、アフリカに4箇所、大洋州に4箇所が設立されている。国別には中国に29箇所で最も多く、二番目は日本に17箇所、三番目はベトナムに15箇所、四番目はアメリカに11箇所、五番目はロシアに9箇所であった。最近「新南方政策」でベトナムをはじめ、インドネシア、タイ、フィリピンなど、東南アジアの国々への支援が増え、韓国語・韓国文化を習う学習者も増えている。

　韓国語能力試験（TOPIK）は、韓国の教育部と国立国際教育院が実施・認定する韓国語を母語としない人や在外韓国人を対象にした試験である。「世宗学堂」でハングルを習った学習者は韓国語能力試験（TOPIK）を受ける人が多く、等級によって就職や留学、学習の基準となり、世界70カ国以上で一斉に実施される。試験の水準はTOPIK Ⅰ（聞取り、読解）とTOPIK Ⅱ（聞取り、書取り、読解）に分けられ、TOPIK Ⅰは最下位の1級（80点以上）から2級まで、TOPIK Ⅱは3級から最上の6級（230点以上）までの等級に分けられる。2019年現在、世界76カ国で実施され、日本においては韓国教育財団が管理・運営を行っている。

　近年の韓流ブームはドラマ『冬のソナタ』から『大長今－宮廷女官チャングムの誓い－』、「少女時代」、「KARA」などのガールズグループ、また「BIGBANG」、「BTS」など、Ｋ－POPの人気となり、全世界に広がっている。特に最近「BTS」の七人の若いアーティストは世界大衆音楽の頂点に立っている。Ｋ－POPのファンダム（Fandom）になることでハングルを習い始めたり、ハングルを勉強していて、「BTS」のアーミー（Army）になったという外国人もいる。またハングル学習の授業で、Ｋ－POPのビデオを使っている韓国語教師も多い。そこで世界的な韓流ブームと国際結婚の増加、韓国企業の海外進出などで、「世宗学堂」と各大学のハングル教育は産学協力の時代を迎えているといえよう。

　韓日関係は1999年、日本大衆文化開放以来、韓国では日本の小説や漫画、アニメなどのヒット作が多く、アサヒビールや化粧品、ホンダのアコードやトヨタのレクサスなども人気を集め、日本語の学習者が増えてきた。ところが、最近韓国の少子化、大震災と福島原発、歴史問題と貿易摩擦などで、日本語学習者が減り日韓文化交流は落ち込んでいる。朝鮮時代の申叔舟が京都で仮名文字を体験し、成宗王に「日本と和を失うことなかれ」と遺言を残しているように、一衣帯水の韓日文化交流は絶え間なく続いていきたいものである。

5　おわりに

　韓国の大学は少子化による入学者数定員割れと教育部の授業料凍結が続

く中で、QS や THE、教育部の「大学基本力量診断」評価の結果によって大学の未来が決まると認識している。そこで韓国の大学は、英語授業の拡充、外国人交換留学生の受け入れ、外国人教員の採用、国際著名誌論文掲載、国際研究協力、理工系学部生の増員などを積極的に取り組んでいる。しかし各大学には英語授業の難解さ、国際著名誌への論文掲載、留学生の学習能力など、これから解決すべき問題もいろいろ露見している。

　最近ハングル教育は国の「世宗学堂」に統合され、従来の韓国語教育機関をドイツの「ゲーテ・インスティテュート」、日本の国際交流基金（JP）、中国の「孔子学堂」などをベンチマーキングして、韓国語・韓国文化教育を標準化して世界に発信しようとしている。そして韓国語能力試験（TOPIK）も韓国の教育部と国立国際教育院が韓国語を母語としない人や在外韓国人を対象に統合・実施している。この試験の水準と等級によって、就職や留学、大学卒業試験、学習の基準となっている。

　全国の大学に留学する学生はまだ全体の約4.2%、外国人教員は約6%ぐらいで、英語授業など留学生の受け入れ態勢がまだ充分でないとの指摘もある。しかし、各大学はこれからもグローバルスタンダードの評価に備えてランキングを上げたり、大学間の交流、交換留学生の受け入れとハングル教育など、国際化のために全力を尽くしていくだろうと思われる。

（金 鍾德）

注
1) 教育統計サービス（https://kess.kedi.re.kr/index）
2) 韓国教育部「報道資料」2018.8、2019.8.
3) 韓国教育部「報道資料」2018. 8.23.
　 https://www.moe.go.kr/boardCnts/view.do?boardID=294&boardSeq=75194&lev=0&searchType=SC&statusYN=C&page=2&s=moe&m=020402&opType=N
4) 韓国教育部「報道資料」2019. 8.14.
　 https://www.moe.go.kr/boardCnts/view.do?boardID=294&boardSeq=78253&lev=0&searchType=SC&statusYN=W&page=1&s=moe&m=020402&opType=N
5) グローバルノート - 国際統計・国別統計専門サイト。
　 https://www.globalnote.jp/post-12641.html
6) 杉村美紀「2025年に向けた留学生動向と日本の高等教育機関の国際化」リクルート進学総研。
　 http://souken.shingakunet.com/college_m/2015_RCM193_20.pdf

7）教育部の韓国教育開発院・教育統計研究センターの教育統計サービス。
　　https://kess.kedi.re.kr/index.　http://ilyo.co.kr/?ac=article_view&entry_id=275063

8）http://www.kbmaeil.com/news/articleView.html?idxno=818504

9）国史編纂委員会『CD-ROM国訳朝鮮王朝実録』韓国学データベース研究所、1995年。

10）申叔舟著、田中健夫訳注『海東諸国紀』岩波書店、1991年、p.118。

11）柳成龍 著、金鍾権 訳註『懲毖録』明文堂、2015年、p.47。筆者訳。「願國家母与日本失和」

12）松村誠一 校注『土佐日記』（「新編日本古典文学全集」小学館、2000年）p.15。

13）申維翰、姜在彦 訳注『海游録』平凡社、1992年、p.226。

14）同上、pp.303-304。

15）同上、p.306。

第二章

中国の日本研究　変化・特色と課題

冷戦後を中心に

はじめに

　今年は中華人民共和国設立70周年の節目を迎える年に当たり、このような年に中国の日本研究の歩みを振り返って、その経験と教訓を受けながら、未来の中日関係を考えることは、重要な意味があると思っている。

　小論は、その70年間の中国の日本研究をまとめて全面的に評論するのではなく、中日国交正常化以来、特に冷戦後の若干重要な変化及びその特徴を指摘し分析することをとおして、未来の中日関係、及び中国ではどのように日本を研究すべきかについて、いくつかの考えを示すものである。

1　戦後中国における日本研究の概要

　1960年代、中ソ関係の悪化を背景に、1963年12月に「外国についての研究を強化しろ」と、毛沢東主席より指示が出された。その指示に応じて、周恩来総理の関心により、翌年から南開大学、復旦大学、遼寧大学、河北大学、上海国際問題研究所などに、日本研究の専門機構が設立されてきた。当時は数があまり多くなかったが、中日国交正常化及び中国改革開放に伴い、1980年代から数多くの日本研究機構が設立され、全国ではほとんどの大学に日本研究機関ができて、いわゆる「雨後の竹の子」のようになった。しかし、冷戦終焉の1990年代ごろから、バブル崩壊後の日本経済が長期間低迷したことにより、中国に対する日本の重要性が下がったため、中国の日本研究機構の一部分は有名無実、もしくは無名無実になった。だが、新世紀に入って、特に2010年前後から中日両国の政治、外交関係の悪化にともなって、中国ではより一層対日研究を強めるようになってきて

いる。

2　冷戦後、中国における日本研究の若干の重要な変化

2-1　若干の変化

　冷戦の終焉にともなって、日本では、政治面では1955年体制、経済面ではバブル経済が、同時に崩壊し、いわゆる「失った10年」、「失った20年」時代に入った。それに対して、中国は速いスピードで発展し、2010年になると、中国のGDPは既に日本を凌駕することになった。このような明治維新以来なかった大きな変化は、中日関係に対して多大なショックをもたらし、両国関係が迅速に悪化し、いわゆる戦後以来最悪の状態に陥ったと言える。したがって、近年中日関係の緊張が高まるに伴い、中国に、特に日米軍事同盟の強化、日本の安保政策の根本的転向などに対する強い警戒心を持たせるようになり、改めて日本に対する戦略的目線へと戻らざるを得なくした。こうして中日関係の研究も、再び国家レベルでの重要な位置に置かれるようになった。

　だからこそ、中国の日本研究は再び重要視され、盛んになってきている。それによって、北京大学日本学研究センター、復旦大学日本研究センター、南開大学日本研究院などをはじめ、日本研究機関も積極的に資源の再編成と統合を行うようになっている。そのため、中国の日本研究も若干の変化があり、具体的には以下の5つの種類が挙げられる。

2-1-1　無から有に

　清華大学では、従来日本研究の専門機構を持っていなかったが、日本研究の学者は各学部に分散している。2005年に日本研究所を創立し、校内の資源を協調し、最大限に発揮させ、よい成果を収めた。同じく、上海の同済大学のようなもともと理科系であった大学も、国際化、総合大学化へと歩を進めたが、学内の文、理、工学部の日本研究資源を如何に統合して、日本研究を展開するかは、多大なチャレンジであった。結果として同済大学では、日本研究を中心とするアジア太平洋研究センターが設立され、地域の視角からの日本や中日関係の質の良い研究によって評価されるように

なった。

2-1-2　有から無になったが、再び出発へ

　1987 年に創立し、立派な業績をあげた河南大学日本研究所は、学内の学科調整、及び経費不足などの原因で他の学部に合併された。2005 年に大学の重点研究機構として日本研究所を再建し、2006 年 2 月に、中華日本学会秘書長である高洪教授が再建後の初代所長に任命され、河南大学日本研究所は正式に幕を開いた。同時に大規模な国際学術フォーラムも開催し、よい形でスタートをきって再出発した。

2-1-3　再編成され、全学の日本研究の協調へ

　前述のように、1960 年代に設立した日本研究機関の一つの遼寧大学日本研究所は、最初かなり活躍し、たくさんの研究成果を収め、中国の東北地方で多大な影響力を持っていたが、バブル崩壊後の日本の中国での地位が低くなるにつれ、遼寧大学日本研究所も衰えて、50 名ほどの専任スタッフの大半は大学の各学部に分散するようになった。冷戦後、当該研究所は再編成を通して組織構造が簡素化され、全学の日本研究が協調することによって再び活躍するようになり、素晴らしい成果を成し遂げた。

　また、山東大学、南京大学、青島大学などの日本研究機関も同じ原因で衰える羽目になったが、今は各学部に分散している資源の統合・協調に力を入れ、新しい成長の方向性を探っている。

2-1-4　国別研究から地域研究への移り変わり及び深化

　冷戦期における中国の日本研究、とりわけ中日関係の研究は、主に二国間の関係を重点に置き、同時にアメリカという要素に注意を払った。しかし冷戦終焉に伴い、こうした状況は大きく変わってきた。その理由としては、中日両国の総合国力の消長により、中国の戦略的目線が日本以外の国、特に周辺諸国に移っていることがある。つまり単なる日本研究から地域全体を視野に入れた日本研究をするようになった。例えば、北京大学のアジア太平洋研究院、復旦大学国際問題研究院は、学内の若干の関係研究機関が統合された上で成立した地域的な研究機関として、地域全体の視野から

日本研究を行うための便宜を与えられた。単なる日本研究より地域研究が重要視されるようになったひとつの象徴であるともいえよう。

2-1-5　対策研究から戦略研究の政府シンクタンクへ

中国社会科学院、中国国際問題研究院、中国現代国際関係研究院などは、従来日本の現状及びその対策研究に絞っている政府シンクタンクでありながら、近年中長期戦略かつ理論的な研究を重視するようになり、大学及び他の関係資源との協力も強化した。

2-1-6　新型シンクタンクの創設

2016 年まで、中日関係の悪化に伴い、将来の中日関係の不確定性を考えるうえで、中国ではここ数年新型シンクタンクの創設に力を入れている。従来は、大学研究機関と政府シンクタンクではそれぞれ別々に研究活動が行われており、学術的研究に傾倒している大学に対し、政府シンクタンクは主に政策の追跡研究に従事してきた。しかし現在、中国政府では、その両者の統合によってより総合的に優れた機能を発揮させ、国家戦略のためにより良い知的支持が提供できるように、新型シンクタンクを設立することにした。例えば、下記の図（筆者作成）のように示したものが指摘できる。

中日関係については、元来は吉林大学日本研究所、南開大学日本研究院が教育部の日本研究基地として、国からの研究助成を得ていた。現在、「中国日本研究協同創新センター」という新型シンクタンクが成立できるか否か、まだ分からない状況であるが、復旦大学日本研究センターは、既に新型シンクタンクとしての「両岸平和と発展研究協同創新センター」に加入して、言うまでもなくその中で日台関係の研究を担当している。

また同時に、教育部では、大学における知的資源の優位性を最大限に発揮するために、「中国大学シンクタンク・フォーラム」を創設し、事務局を復旦大学に置いて、年 1 回フォーラムを開催している。

このように、大学の日本研究機関の役割は、以上の情勢に応じて変化が起こりつつあり、即ち学術研究・中長期戦略研究から部分的に政策的研究へ移っていきつつある。

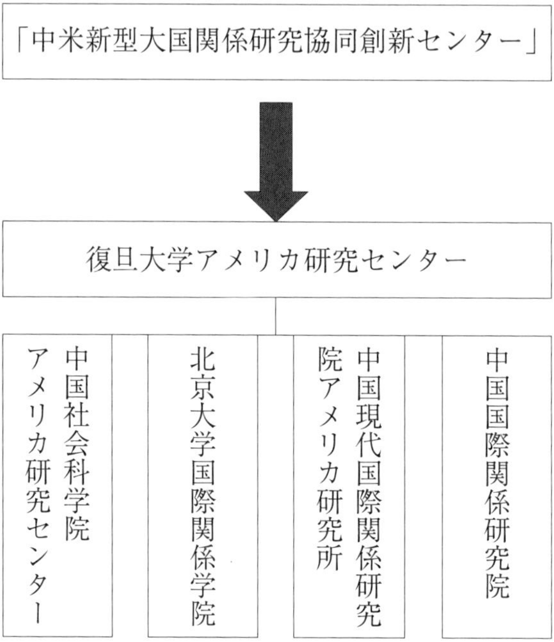

「中米新型大国関係研究協同創新センター」

復旦大学アメリカ研究センター

| 中国社会科学院アメリカ研究センター | 北京大学国際関係学院 | 中国現代国際関係研究院アメリカ研究所 | 中国国際関係研究院 |

図1：新型シンクタンク

2-2　主な特徴

2-2-1　主観から客観へ

　1960年代は、中国の日本研究においては政治的意味合いが濃く、日本を主に批判相手としてやってきた。1970から80年代までは、日本の経済繁栄の謳歌が時代のテーマとなり、その背後に隠されている問題についての研究は少なかった。バブル経済崩壊後、一時日本を批判する声が大きかったが、前と比べると、もっと弁証法に基づいて日本を見、もっと客観的に未来の趨勢を研究するものが増えた。

　特にここ数年、比較研究または国別研究を越えて、日本を地域の中、すなわち世界という範囲の中に位置づけて認識した研究成果が取り上げられるようになっている。

2-2-2　単一から全面へ、特定から総合へ

1960 年から 1970 年代までは、中国で日本に関する総合的な研究成果が少しあったが、単一分野での研究が多かったのが事実であるといえよう。今は、その状況は変わっている。例えば中国社会科学院日本所では、日本研究の主な分野をすべて含むいわゆる課題群ネット（互いに関連する多数の研究対象を類別し、複数の関係研究課題にするもの）の形で、できるだけ多くの社会資源を利用し、規模性と系統性を兼ね備えた立体的研究システムを創出した。

また基礎性研究の面では、数多くの出版物が発行され、良い成果がみられた。例えば、南開大学日本研究院より 13 巻の「日本近代史研究シリーズ」と、復旦大学日本研究センターの「復旦日本研究シリーズ」、浙江工商大学日本文化研究所が編纂した「中日文化交流史シリーズ」、「日本文化研究シリーズ」などが出版され、広さも深さもある系統的日本研究成果として評価されている。

2-2-3　「日本批判」が強くなっている

冷戦終焉から今まで、中国では日本研究に関する一般的出版物から、インターネット、テレビ等のマスコミに至るまで、中日関係における日本のマイナス面について全般的に掘り出しを行っている。その中日関係への影響、特に国民感情への影響は、言うまでもなくたいへん深くかつ広いものである。

2-2-4　中日経済関係・日本経済研究と歴史問題・安保研究との温度差があること

中国の中日関係学界では、中日間の歴史問題と日本の安保問題に対しての議論が厳しいといえる一方、「アベノミクス」・「TPP—CPTPP」などに関する研究は、客観的かつ冷静な議論が相当部分を占め、その温度差がはっきりある。

2-2-5　研究資料の極端な欠乏から比較的豊富な状態へ

中国では、日本研究を始めた頃に資料が乏しかったが、1980 年代から 1990 年代までおよびその後の積み重ねを経て、北京日本学研究センター、

復旦大学日本研究センター、南開大学日本研究院などは、日本国際交流基金の拠点機関援助により、経典や最新研究資料を充実することができた。一方、中国社会科学院日本研究所、北京大学日本学研究センター、東北地域の日本研究機関も自身のメリットを活かして、豊富な図書資料を蓄えた。

　上記のような中国の主な日本研究機構では、基本的に研究の需要が満たせるが、資料がまとまっておらず、基礎も手薄い研究機構もまだある。それゆえ、どうやって現代的な通信手段を通じて研究資料の資源を共有するかが、現在直面している重大な課題である。

2-2-6　量から質への研究人材の養成

　1970 年代に発足した全国日本語教師研修クラス（「大平クラス」）から今まで、中国において日本研究及び日本語教育人材の養成は、質も量もすさまじく変わってきた。中国社会科学研究院大学院と中国の主な大学では、日本を研究する人材の自主養成を重視しており、日本研究方向の院生を募集することができた。

　現在、中国では、日本研究の最前線で活躍している専門家達は、日本留学の経験を持つ者が大部分だが、主に中国が自ら養成した人々である。そして、日本における留学を終了して帰国した学者と国内で自ら養成した日本研究の人材とが合流して、新鋭のチームになった。

3　中国における日本研究の諸課題

3-1　情報化時代の挑戦と対応

　中国の日本研究界では、日本研究は情報化社会の発展に応じて展開しなければならないという認識が近年強くなっている。すなわち、専門家や学者がマスコミとの協力を強化し、研究成果の社会効用を最大限に発揮させることである。

　実際には近年、中日の政治.外交関係が冷淡になったため、国民の感情も大きく影響された。このような時期、中国の日本研究者は各種類のメディアを通じ、中日関係の焦点問題を分析し、国民を導くために、他をもって代え難い役割を果たしてきた。

3-2　交流相手の多様化

　近年、中国では、対日研究の応用と実践の面において、新しい特色が現れている。たとえば、中国社会科学院日本研究所では、日本の右翼団体「新歴史教科書編纂会」と直接対話し、確実な歴史事実で論争することに力を入れている。このようなやり方は今までなかったものである。

　また、上海師範大学中国慰安婦研究センターの蘇智良所長は、日本、韓国の学者と協力し、編纂した『東アジア三国近代史』を三国の文字で同時に出版して、東アジア諸国の間の歴史問題の解決に対して、多大な貢献をした。

3-3　地域の特徴とニーズに目を向ける

　都の北京にある日本研究機関以外でも、各地方の研究機関が所属地域の特徴とニーズに目を向けて研究を展開しているのが、近年の中国の日本研究の特色の一つである。

　例えば、東シナ海ガス田の開発は上海と密接に繋がっているので、復旦大学日本研究センター、上海社会科学院日本研究センター、上海国際問題研究院日本研究センターなどでは、中日両国の学者が参加するエネルギー会議を開催し、主に地方の立場から会議テーマを討論していい結果を収めた。また、湖南大学日本研究所では、湖湘文化と日本仏教、宗教との特別な歴史的つながりを利用して、これに関連する対日学術交流活動を積極的に展開している。

3-4　研究成果の効用問題

　まず、中国国内の日本研究の成果は日本に紹介されたものは少なく、欧米に紹介されたものはもっと少ない。マスコミが発達している情報化時代では、中国の日本研究者は国内のみならず、日本のメディアとも協力して、自分の研究成果の効用を国際社会に最大限に発揮させる必要がある。そのために、中国の大学では、研究成果の掲載先を国内学術誌から国際学術誌へと変えていくべく、強化している。

3-5　客観的、冷静にトラブルに対応

　中日関係に大きなトラブルが出てきたときこそ、もっと客観的に、冷静に研究して対応することが大事である。それにはマスコミだけでなく、学者にも大きな責任がある。高度の責任感を持ちながら、道徳的、学術的良識で国民を導くべきである。

4　例としての上海における日本研究の特色

4-1　上海における主要な日本研究機構

　1960年代から1980年代にかけて、日本政治、外交を中心にし、対策研究を専門的に行う上海国際問題研究所（現在の上海国際問題研究院）日本研究室と違って、日本経済の研究を主要対象としていた復旦大学世界経済研究所日本経済研究室は、対策と学理を同様に重んずるという特色があると言えよう。当時の代表的な日本研究者では、上海国際問題研究所副所長の郭昭烈研究員、復旦大学世界経済研究所所長の鄭励志教授、又復旦大学歴史学部の呉傑教授があげられる。

　1980年代末から21世紀の初頭に入って、上記のもの以外、上海の重点大学、たとえば同済大学、華東師範大学などでは、日本研究機構が設立され、そのブームの中で一般の大学でも日本研究機構が次々と建てられた。

　21世紀のはじめから現在にかけて、学内の学科調整や日本の地位の変化などによって、重点大学ではないいわゆる一般的な大学にある日本研究機構はほとんど解体され、なくなった一方、復旦大学、華東師範大学、同済大学等には、日本研究機構が残されている。また、近年、中日関係の緊張に伴って上海交通大学では、新たな日本研究機構が設立された。

4-2　上海における日本研究の特色
4-2-1　日本経済と中日経済関係を重視する

　中国の経済センターとしての上海が、上記の日本研究の特徴を持っているのは当然のことであろう。それは、政治・外交を中心にする北京の研究機構と著しい対照となるとも言えよう。

　そして、前述した最初の三人の代表的な研究者の専門分野は、すべて日

本経済に密接に関連しており、よって、最初の段階から上海の日本研究の特色がすでに現れていたといえる。現在、上海に住んでいる日本人は５万人ほどにも達しており、在上海の日系企業あるいは中日合弁会社の数も中国のトップを占めており、上海から日本への旅行者の数も中国一である。中日関係では最も重要な一面が言うまでもなく経済であろう。こういう意味では、上海の日本研究は非常に重要な位置と役割があると言える。

4-2-2　研究の分業システムが明確になっていること

　上海国際問題研究院日本研究センターと上海社会科学院日本研究センターでは、主に日本政治、外交の研究を行い、シンクタンクとして存在する一方、復旦大学、上海交通大学、華東師範大学、同済大学などの日本研究は、学術研究を中心にしていながら、近年戦略や対策などの研究をも視野に入れている。そして、復旦大学は経済、同済大学は中日民間外交、華東師範大学は中日両国の教育比較、上海師範大学は慰安婦研究などを主にして、それぞれの特徴を持っている。

4-2-3　研究枠組みの拡大

　中国の台頭に伴い、中日米の関係も大きく変化しつつあり、こういう時勢に応じて、上海の日本研究枠組みも大いに変化してきた。たとえば、上海交通大学の日本研究センターは、「上海交通大学環太平洋研究センター」の一部であり、同済大学の日本研究センターの研究活動も、「同済大学アジア太平洋センター」という枠組みの中で行い、上海社会科学研究院の日本研究センターも大体そういう状況にある。

　要するに、現在の上海における日本研究は、両国間の関係研究を越え、中日関係を中日米、ないしアジア太平洋地域という枠組みのなかで認識し、研究するようになっているのである。現在、主な地域大国として、中日両国の関係はアメリカを背景にアジア太平洋を舞台として展開しており、上記の枠組みの変化は「現実」そのものの投影とも言えよう。

5　新時代の中日関係について

5-1　新時代における中日関係の改善とチャレンジ

　2018年10月25日から27日にかけて、安倍首相が日本の首相として7年ぶりに中国を公式訪問し、中日関係を「競争から協調へ」という新たな段階へと押し上げていくことを強調した。また、安倍首相は、習近平中国国家主席と会談する時、翌年日本の大阪で開催するG20会議に出席する機会を利用して公式訪日が実現するように期待している考えを、その時点で習主席に伝え、習主席も「真剣に検討する」と表明した。2019年6月に習近平主席は大阪G20会議に出席し、安倍首相と中日関係のいっそうの改善について会談し、また、安倍首相からの2020年の正式訪日の招きを「原則的に」受けた。それが実現できれば、中日関係が正常な軌道に戻るだろうという見込みがあり、関係を全面的に改善することができる、新たな時期ないし時代に入りつつあるとされる。

　中日両国の世論によれば、2018年5月に李克強総理の公式訪日と10月に安倍首相の公式訪中を皮切りに、両国関係は確かに戦後以来最悪の状態を脱し、積極的に発展していく態勢を表していると見なされている。首脳らの往来を通じて、両国は経済貿易面での協力度が高くなって、政治面での相互信頼も回復している一方、中日両国におけるいわゆる構造的矛盾はまだ存在しており、あまり変わっていない。中日関係の発展は、まだ高いリスクと挑戦に直面しており、振り出しに戻る状況になる可能性も高いとされる。特に、歴史問題、台湾問題、領土紛争問題などこれらの構造的矛盾によって引き起こされた両国の国民感情問題は、まだ改善していないため、中日関係の改善が本当に続けられるかどうかは疑問視されている。つまり、民意の基礎が欠けるならば、中日関係の改善はできないであろうということである。

　したがって、中日関係を安定して発展させるために、経済貿易の協力を強化し、政治的相互信頼を促進する以外に、もう一つの重要な課題は、両国の文化と教育の交流を深め、相互理解を増進して、国民感情を改善させることにある。両国関係の発展は、深い民意基礎の上に築けるならば、穏

やかでもっと遠いところに行けると思う。

　以上のような経済協力、政治信頼と国民感情の改善の３点は、中日関係に対して、時代的な要請に応じるテーマであり、非常に重要な現実および理論的意義を持っている。つまり、アジア地域の経済成長、とくに 2010年に中国の GDP が日本を凌駕し、昨年には日本の３倍近くになったという、いわゆる総合国力の消長に随って、中日関係も大きく変化しており、一時は最悪の境地に陥った。前に述べた通り、数年ぶりに 2018 年の両国総理の相互公式訪問によって関係改善の契機を迎えたが、今両国間の国民感情の現状はまだ楽観視できず、また既存の構造的な矛盾も依然として存在し、さらに安全保障につながる海洋問題も近年激化し、イデオロギーのために政治的な相互信頼も難しい。一方両国においては、関係改善に伴っていわゆる第三国市場協力という新たな経済協力方式が創出し、イノベーション分野での協力メカニズムも新設され、「競争から強調へ」の兆しを見せている。残った重要な課題としては、三つあると思っている。つまり一つは、領土紛争と海洋問題という二つの火種をどのように抑えるのかということ。第二には、両国間に「海・空連絡メカニズム」が設立され、ネットラインを出来るだけ早く始動することについても、両国総理相互訪問をきっかけに合意したが、このような危機管理がこれからさまざまな試練に耐えられるかどうかが、問題の要になるであろうということ。第三には、現状をみるにあたり、これから直面する最大の課題は、いかに両国国民感情を改善するのか、そして異なるイデオロギーを持っている両国のエリート間の対立問題について、いかに対応するのかということである。これらの問題は、文化交流と教育に深く繋がると思っている。

5-2　中日両国国民感情の現状及びその改善策

　国の交わりは民の相互に親しむことに在り、とくに、いまの情報時代において、双方の国民は両国の関係に重要な影響を与え、参与する程度がたいへん高いとされる。しかし、残念ながら、現在中日両国の国民感情は悪く、両国関係の民意基礎が非常に弱い状態にある。両国の権威ある世論調査機構（日本言論 NPO と中国国家外文局）の調査結果によれば、「相手国との関係は重要だ」との認識を示す日本国民と中国国民の割合は、長年一貫

して70%以上に達している。しかし、「相手国に良い印象を持つ」中国国民の割合は、去年と今年は増えているが、まだ40%ぐらいに過ぎない。そして、中国に良い印象を持つ日本国民の割合は20%にも足りず、前世紀70年代、80年代の80%とは比べられないほどだ。それと同時に、中国国民が日本に対する軍事的な脅威感を抱く割合は、米国に対するそれを超えている。日本においては「中国脅威論」が流行っているのも事実であろう。

　したがって、草の根レベルの両国国民の感情をいかに改善するかは、今一番喫緊な仕事であろう。安倍首相と会談する時、習近平主席は「より広い範囲の人的・文化的な交流を展開し、相互理解を増進し、両国各界が、とりわけ若い世代が中日友好事業に身を投じるよう奨励しなければならない」と強調した。そして安倍首相は中国公式訪問の機会を利用して、特に北京大学を訪問し、学生との交流をした。さらに両国政府は、2019年を

【相手国に対する印象】

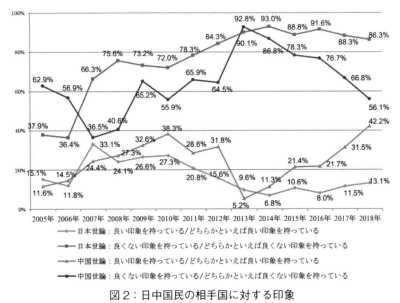

図2：日中国民の相手国に対する印象

出典：『第14回日中共同世論調査』2018年、http://www.genron-npo.net/pdf/14th.pdf

「中日青少年友好交流年」とすることにした。これらのことから、両国は関係を築く活動を着実に進めていくものと確信している。

　また、安倍首相が、正式訪中の際に開催された「第一回中日第三国市場協力フォーラム」のスピーチで、特に「日中の協力には悠久の歴史と伝統があり」と指摘したことは、中日間が深い文化的関係を持っていることを強調する意味がある。中日関係の改善に伴って、日本へ旅行する中国国民の人数は毎年700万を超え、両国経済交流の推進にも、国民レベルから日本社会に対しての理解を深めることにも、良い状況を示している。両国関係が正常な軌道に引き戻されるにしたがって、両国国民間の交流もより広く、深く展開していけると思う。今度の安倍首相の公式訪中は、必ず官民一体に文化交流を深める推進力になると言えよう。

5-3　中日両国エリート層の相互理解と文化交流

　日本社会のエリート層においては、中国の社会体制、イデオロギーに対する否定的な態度を持っている人々は少なくない。冷戦終焉後の「価値観外交」、また国際関係の「価値同盟」を築くなどという日本の外交戦略も、それを反映している。世界諸国では、自国発展の道を選ぶ権利と自由があり、一般的にはそれはその国の歴史と文化により決められるものであろう。自国の価値観を標準として他国の価値観を否定し、さらに国家外交戦略として展開すれば、必ず相手の反発を誘発し、精神面で深い傷をもたらす。このようなことを続ければ、中日両国のエリート層の本当の相互尊重と感情の改善は実現しにくいものであろう。

　一方では、中日関係に深い理解と遠見卓識をもっている福田康夫元首相は、「古典への回帰」を通して、長い歴史をもって中日関係を認識、理解している。中日両国がかつて共有した「精神の家」を確認するのは、もちろん中日両国の相互理解と信頼を深めることに役立てられる。なぜなら、もともとしっかりした文化の基礎があるからである。この文化的血縁が共有する「共源性」は、2000年ほどの中日友好の歴史が続いてきた基礎でもある。近代以来中日の恩しゅうはそれに比べれば、短いし、「超越」もできる。中日両国の未来を考えれば、その「共源性」は、東アジア共同体の構築にも、文化と感情における便利さと可能性を提供するにも、替えら

れない役割を果たせるのであろう。福田元首相は、中国を訪問するとき、北京大学での講演でこう語った。「日中両国は、単に利益・利害だけで結びついている存在ではありません。日中両国は長い交流の歴史を持つ隣国であり、互いの文化や伝統を共有し、その中で互いに拠って立つ基盤を共有してきました。」

　文明をお互いの鑑にして、それぞれの美しさがあらわれること、これは我々がとるべき態度であると思う。特に中日両国は悠久の深い文化交流の歴史を持っていて、それを両国の貴重な精神的財産にするべきだと思う。

　中日両国関係を安定的に、持続的に発展させるには、高度な政治の知恵をもって、最大公約数を取り、両国の利益の最大化を実現することを求める必要がある。また高度な政治の知恵は、根本から言えば、両国の文化に溜まっているから、相手国の文化を勉強して深く理解するのが非常に重要であろう。そのため、文化、教育の交流が欠かせないと思っている。

6　新時代における中国の日本研究展望

6-1　中国における日本研究の問題点

　第一に、中国がまだ国家分裂状態にあるという現状は、中国の日本研究を制約する構造的な欠陥の一つとなっている。日中間の歴史問題や、日増しに尖鋭化する台湾問題や南シナ海問題に取り組む際には、台湾海峡両岸の研究者の間の学術的な交流と協力を強化する必要がある。資料を共有し、共同研究でお互いの優位性を補い合うことは、日中関係が建設的な発展を遂げるために、不可欠であろう。残念ながら、学術面でも、実践的な面でも、まだいろいろな障がいが存在している。

　第二に、日本研究成果の著作や論文を見ると、特定の事柄についてだけ論じたものや、マクロの視点から検討したもの、応用研究を行ったものが多い一方、多領域の視点に立って日本を深いレベルで理論的に論じたものが不足しているのは否定できない。例えば、日本外交の状況について論述や評論といった研究が多いが、歴史や経済、文化などの視野から総合的に深いレベルで行った研究が少なかった。このほか、国際関係理論を利用して日本の外交状況を解析した研究はかなり弱くて、日本の外交政策と国際

戦略に対する理論的な検討と分析も不足している。つまり日本を系統的に研究する学術システムはまだ形成されていない。目下の学術成果から見ると、基礎理論研究と、体系的に全局を扱う厚みのある研究はまだ少ないと指摘できる。このほか、土台のしっかりとした詳しい事例分析と実証的な考察の成果が占める割合も低かった。

6-2　未来への展望

　未来の中国の日本研究を展望する時には第一に、多領域にわたる学際的研究や総合研究をさらに強化することが我々の努力すべき方向であるという自覚を持たなければならない。国際社会や日本、中日間の議題には現在、深刻で複雑な変化が起こり、伝統的な問題は非伝統的な問題に、地域協力はグローバル・ガバナンスへと転換し、その実質と輪郭は絶えず拡張しており、ますます多くの特定の専門知識分野を融合したものとなっている。一国または２カ国の視点からは、日本の特徴と全貌をつかむことはできない。そのため世界と多国間の視点から日本に対して全方位的な考察と分析を行う必要がある。日本の総体を全面から把握して初めて、科学的で正確な目で日本の客観的な状況を見通せる研究成果をあげられるのであり、それができなければ、時代の要求に応じられない。

　第二に、理論的な素養を一層高めるのも時代の要求である。国際政治や国際関係などの学科の研究理論と方法論の拡大に伴い、研究領域をまたいだ学際的な研究は現在、ますます盛んとなっている。中国において日本を研究する研究者は、自らの理論的な素養を深め、高度な解釈力を持つ理論モデルと分析モデルなどのツールを巧みに利用し、日本そのものや中日関係の内在的な法則の探求を尽くして、日中関係の行き詰まりの解決に向けて、客観的な現実に合致した優れた見解を提供しなければならない。

　このほか、未来の中国の日本研究においては、次の二つの点で明るい展望を持つことができる。第一に新型の研究人材が研究の舞台の中心に近づき、主役となり始めている。改革開放以前の30年近くの間、中国大陸部は基本的に、国際社会と隔離された状態にあり、学術界も、国際社会からは基本的に孤立し、対外交流は極めて少なかった。改革開放後、多くの中国の学生や若手研究者が海外へ留学や訪問を始めた。20世紀末から今世紀初めまでに、熟練した外国語やその他の社会科学研究の道具に精通し、

国際学術界の先端の情報や資料の把握に長けた多くの新世代の新型研究者が、中国における日本研究の中堅的な人材となった。そして国内で厳格な学術的訓練を受け、修士や博士の学位を取得した若手研究者も成熟し始めた。

　それと同時に、中国経済の快速発展にしたがって、中国の社会科学研究は、政府や関係企業から十分な予算や助成を得られるようになり、豊富な研究成果を挙げられるようになった。日本研究の分野も例外ではなく、日本への学術訪問の経費が確保されるだけでなく、欧米に留学して海外の日本研究者と交流することも益々便利と頻繁になり、学術的な視野が一層拡大され、ハイレベルな学術成果も明らかに増えた。

　未来の中国の日本研究は、この二つの土台となるプラットフォームから出発し、さらなる発展を遂げると確信している。

（胡 令遠）

参考文献
〈中国語〉
北京日本研究中心編『中国日本学文献総目録』中国人事出版社、1995 年。
劉徳有、馬興国編『中日文化交流事典』遼寧教育出版社、1992 年。
関捷、譚汝謙、李家巍編『中日関係全書』遼海出版社、1997 年。
中華日本学会、北京日本学研究中心編『中国的日本研究』社会科学文献出版社、1997 年。
中華日本学会、南開大学日本研究院、日本国際交流基金編『中国的日本研究（1997 −
　2009)』、2010 年 5 月。

〈日本語〉
国立研究開発法人科学技術振興機構中国総合研究センター編『中国の日本研究』、2016 年。

付録

一　参考資料（中国社会科学院日本研究所林昶研究員にまとめていただいたものである）

1　中国の主な日本研究機関

吉林大学日本研究所（1964）

南開大学日本研究院（1964）

遼寧大学日本研究所（1964）

中国社会科学院日本研究所（1981）

北京日本学研究中心（1985）

復旦大学日本研究中心（1990）

2 中国の主な日本研究団体及びその機関誌

3 中国の主な日本研究雑誌

4　中国の 2010 年から 2017 年までの日本研究成果

年　　份	著作数（部）	論文数（篇）
2017	13	379
2016	18	491
2015	8	628
2014	12	707
2013	7	700
2012	13	741
2011	14	526
2010	18	526
年　　均	12.9	594.5

5 中国の日本研究分野別（2016 年 12 月時点）

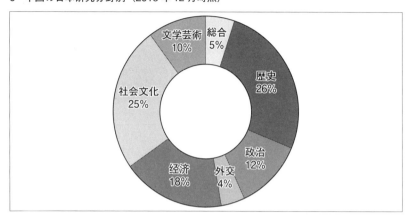

6 中国の日本研究青書（中国社会科学院日本研究院所編）

7 中国の中日両国学者共同研究の年度別「中日関係報告書」（復旦大学日本研究センター編）

8　中国の日本研究の地域分布

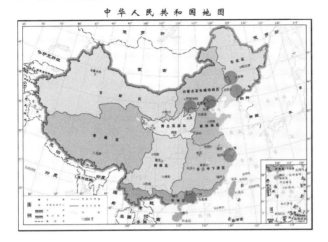

中华人民共和国地图

二　復旦大学日本研究センター

1　概要

　1990年7月に設立され、日中関係を中心に、経済を重点とし、日本政治・経済・社会文化などの総合的な研究を行いながら、東アジアに対する研究と交流をも展開しています。

　復旦大学は長い歴史を持ち、文科、理科及び医科などを備えた国家重点大学であり、日本研究に従事する資質溢れた学者と活発な若手専門家を多数有しています。こうした基礎と条件に基づき、復旦大学日本研究センターでは、専任研究員を主幹にし、全学での各分野の日本関係専門家が揃って、日本と東アジアの研究を繰り広げています。

　現在専任スタッフが12名、学内外の兼任研究員約60名が在籍しています。また日本、アメリカ、韓国、シンガポール及び国内の著名学者、実業家などが、当センターの顧問教授や名誉教授として活躍しています。

2　学術研究

　復旦大学日本研究センターでは、戦後、特に冷戦後の日本経済、政治、社会に対して、全面的、客観的な研究を行い、「復旦日本研究叢書」と「冷戦後日本政治、経済、社会の変容およびそれが中日関係への影響についての研究シリーズ」などを出版しています。同時に中央関係省庁などに、先見性と実務性を持つ建言をも提供します。

3　人材育成

　当センターの専任、兼任教員により、学部生及び修士、博士課程のためにおよそ25科目ほどの日本研究関連課程を開設し、受講者が毎年1000人以上に達しています。同時に当センターでは単独募集、学内関連学院との共同募集の形で、日本の経済学、法学、歴史学、文学等の修士、博士コースも設けています。既卒と在学の修士、博士院生を合わせてすでに100余名がいます。

　復旦大学日本研究センターでは伊東光晴奨学金が設けられており、学内外の研究者及び学内の優秀な学生を対象に、日本国内での視察と研究のための資金援助を提供します。

4　国際シンポジウムの開催

　日本国際交流基金の助成により、中日間の重大な問題を巡って、毎年国内外の専門家を招いて大型国際シンポジウムを開催し、今年は29回目のシンポジウム「第三国での

協力と中日関係」を準備しています。

（2014 年 24 回目のシンポジウムの会場）

5　中日友好交流のための活動

（1）日本及びアジア諸国の著名学者を招き、講演会、セミナーを開催；

（2）日本からの訪問学者、留学生、研修生を受け入れ；

（3）日中経済交流を促進し、対中進出日系企業と地方政府との対話と協力をバック
アップ；

（4）中国国内各界の対日交流を深めるために、関連情報サービスを提供。

（2015 年 10 月 8-10 日、東京大学教授川島真の集中講義の現場）

6　図書資料について

復旦大学の名誉教授伊東光晴氏などの寄付により建造された図書館では、現在日本語

と中国語の蔵書6万冊余りを有し、定期刊行物と新聞紙は約70種を有しています。2005年の夏休みより、国内数十大学や研究機構とインターネット図書資源共用協議を結び、当センターのインターネット図書館は各大学、研究機構の関係研究者に向けて無償検索、閲覧、コピー及び郵送サービスを提供しています。

　また、機関誌としての『日本研究集林』を定期的に刊行しています。当センターでは長期的に日本国際交流基金、在上海日本国総領事館、日本衛材株式会社、三井物産株式会社、三菱商事、日本万国博覧会記念協会、また北京大学、南開大学、中国社会科学院日本研究所、東京大学、京都大学など大学、研究機関の大きな支持を得ています。

（図書資料室の風景）

第三章
タイの大学の国際交流
タマサート大学理工学部を事例として

1　タマサート大学の紹介

　タイ国で最も古い大学はチュラロンコン大学である。チュラロンコン大学の設立の目的は、王室関係と上流階級の子どもたちの教育であった。それに対し、タマサート大学は創立者プリーディ・パノムヨン（Predee Panomyong）により 1934 年 6 月 27 日に設立された、84 年の歴史を持ったタイで 2 番目に古い大学である。プリーディー・パノムヨンはタイ国を絶対王政から民主主義に変えた政治的リーダーであり、当時は首相を務めていた。そしてタイ国民に教育を受けさせなくてはならない、勉強したい人はさせなくてはならないという目標をもって、誰でも希望すれば入学でき、学ぶことのできるオープンな大学として設立したのが、今日のタマサート大学である。

　その後、タマサート大学も一般大学となり、入試も受けなくてはならなくなったが、当初は勉強したい人は誰でも入学できる大学だった。少子高齢化社会になっている現在、タマサート大学が考えているのは、もう一度原点に戻って誰でも勉強できる大学に戻せないかということである。そして、子どもたちが通いたい大学、勉強したい大学にしようと、大学全体で取り組んでいる。なぜ入試に合格した人だけが勉強できるのか。筆者の経験から言うと、入試に合格した学生とそうでない学生は、社会の中に出た場合、社会にどのくらい貢献できるかにおいては、それほど変わらないのではないかと思う。

　設立当初は法学部と政治学部のみであったが、文学部などを順次設立し、現在は 19 学部、8 カレッジ、1 研究所で、約 4 万 5 千人の学生と約 2 千人の教員、4 千人の職員で構成されている。カレッジというのもほぼ日本の

学部に類する存在と考えてよい。研究所は東アジア研究所で、これは学生を持たず、研究員が研究をするための組織である。カリキュラムとしては297コースで学士課程は139コース、修士課程118コース、学士＋修士課程4コース、博士課程34コース、ディプロマ6コースで教育を行っている。また、2014年からは、全国で9大学ある研究重点大学の一つとして教育省に評価された大学である。

当初設立されたのは、法学部と政治学部だけだったが、国をよくしていくには理系教育に取り組んでいかないと国は成長・発展しない。その理念によって、1975年、プォイ・ウンパッコン学長時代にタマサート大学を文系大学から理系大学に展開していく必要があると判断し、その10年後にFaculty of Science and Technology、日本語にすると理工学部が設立された。

タマサート大学の設立当初のキャンパスは王室の建物を使っていた。このキャンパスはバンコク中心のエメラルド寺院のすぐ近くにあり、学生活動が盛んに行われていたところでもある。学生運動で軍隊と衝突して大勢犠牲者を出したのもこの広場の中である。このように、このキャンパスはとても歴史が深いが、8ヘクタールしかなく、とても狭かった。そのため、2番目のキャンパスとしてランジットの町の土地2400ライ（384ヘクタール）を国から貰って理系学部を設立する計画を立てたのである。約10年後にランジットの町にタマサート大学ランジット校が設立され、そこに理工学部を中心とした本格的な理系の学部が設立されてきた。まずは理学と医学関係の学部が作られ、現在は人文系学部もこちらに移動しつつある。また、このキャンパスはアジア大会の会場としても使われた場所である。

その後、タイ東部のタマサート大学パタヤ校（90ヘクタール）、タイ北部のランパン校（58ヘクタール）が順次設立され、現在では4つのキャンパスで運営されている。ランパン校には3000人の学生が学んでいる。パタヤキャンパスには初めは学生はおらず、フォーラムやシンポジウムなどのために使われていた。今は工学部がこちらに作られ、学生が増えているところである。このように、日本の大学と比較してもタマサートは非常に大きい大学である。

2　理工学部について（Faculty of Science and Technology）

　前述のように、理工学部は 1987 年 6 月 14 日にタマサートの中で理学関係として最初に設立された学部であり、タイ国の理学系学部としては 18 番目、タマサート大学としては理系文系合わせて 9 番目の学部である。現在ではいろいろな理学関係の学部、工学部、医学部、薬学部、歯学部などが作られているが、理学がなければそのような学部は作れないので、理工学部が最も重要である。理工学部は全学部の基礎科学の教育を行い、40 コースで構成されている。現在は以下の 10 学科がある。これらのうちの系統の一つは基礎科学で、物理、化学、数学などがあり、もう一つの系統は応用化学で、環境科学、農業技術、持続可能な開発技術、バイオテクノロジーなどが含まれる。このように、理学だけでなく応用科学も導入し、同じ学部内に基礎科学と応用化学が一緒にある学部である。

1. DEPARTMENT OF MATHEMATICS AND STATISTICS
2. DEPARTMENT OF PHYSICS
3. DEPARTMENT OF CHEMISTRY
4. DEPARTMENT OF COMPUTER SCIENCE
5. DEPARTMENT OF AGRICULTURAL TECHNOLOGY
6. DEPARTMENT OF ENVIRONMENTAL SCIENCE
7. DEPARTMENT OF SUSTAINABLE DEVELOPMENT TECHNOLOGY
8. DEPARTMENT OF FOOD SCIENCE AND TECHNOLOGY
9. DEPARTMENT OF BIOTECHNOLOGY
10. DEPARTMENT OF TEXTILE SCIENCE AND MATERIALS SCIENCE

この他に、次のようなインターナショナル・コースがある。

INTERNATIONAL コース
1. INDUSTRIAL SCIENCE AND MANAGEMENT,ISC（INTERNATIONAL）
2. INDUSTRIAL SCIENCE AND MANAGEMENT,IDD（INTERNATIONAL）

3. CREATIVE DIGITAL TECHNOLOGY, CDT（INTERNATIONAL）

　理工学部には約 4000 人の学生がいるが、そのうち約 3600 人が学部生、修士課程の大学院生が 300 人余り、博士課程の大学院生が 100 人弱である。教員は 250 人、職員は 180 人である。大学院生を積極的に増やしていきたいという方針を持っているが、どうしても学部生が多い。イギリスに学生を送れば 3 年で博士の学位が取れるが、タイでは、修士課程、博士課程はなかなか卒業できない。修士課程を終えるには 3 年から 5 年、博士課程を終えるには 5 年から 8 年かかる。このようになかなか修了させてもらえないというのが、最も大きな問題となっており、改革すべき課題である。もっと修了しやすい環境を作っていかなければ学生は集まらないからである。理工学部は研究学部、研究大学なので、修士課程や博士課程の学生が少ないと論文数が少なく、なかなか実績を作ることができない。大学院生の数が少ないのが問題となっている。

3　タマサート大学の国際交流

　次に、タマサート大学が取り組んでいる国際化戦略について述べていきたい。タマサート大学は国際的な大学となることを目指しており、2007 年から 2018 年までの約 10 年間に 1022 か所（うち大学レベルは 245 か所、学部レベルは 777 か所）と姉妹提携（MOU）を結び、国際交流を行ってきた。交流内容をみると学生の交換交流、教師の交換交流、研究交流などの

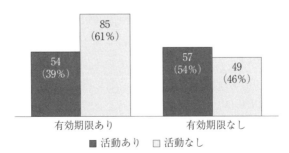

図 1　2007-2018 年の大学レベルの姉妹協定（MOU）

学術交流を中心に行ってきている。

　上記の大学や他の機関と結んだ姉妹提携のうち、まだ有効期限があるのは 2018 年 12 月現在で合計 814 か所であり、そのうち実際に活動しているのは大学全体で 644 か所ある。大学レベルの提携に限って見ると、139 か所との提携のうち活発に活動しているのは 54 大学にとどまる。つまり大学レベルの提携のうち、活発に交流しているのは約 39％のみということになる。逆に活動がないのは大学全体で 170 か所であるが、このうち大学レベルの提携が 85 か所あり、大学レベルの提携の 65％を占める。このように、大学レベルで協定を結んでも、それほど活発には活動していないことがわかる。

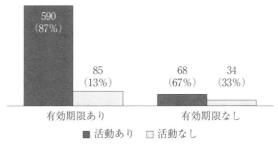

図 2　2007-2018 年の学部レベルの姉妹協定（MOU）

　一方、学部レベルの提携による活動では、活発な活動を行っているのは 590 か所で 87％である。活動がないのは 85 か所の 13％であり、大学レベルの提携よりもはるかに活発に活動を展開している。

　MOU が継続している大学・機関との交流のほかに、有効期限が切れたものについても言及したい。有効期限が切れたものは 208 か所あるが、その後もまだ引き続き活動しているのは大学全体で 125 か所ある。このうち大学レベルのものは 57 か所、学部レベルのものは 68 か所である。活動なしは全体で 83 か所、うち大学レベルは 49 か所、学部レベルは 34 か所である。

　このように、大学間協定よりも学部間協定を結んだ方がより活発な国際交流が行われるものと考えられる。学長にサインをもらってもだめで、実

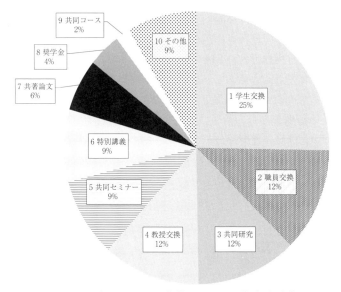

図3　10年間における大学レベルの国際交流活動

際に学部間で協定を結べば、窓口が明確になって互いに交流していくということである。

　しかし、大学全体の協定を見てみると、国際交流に活発な学部とそうでない学部があることもわかる。社会学部などは MOU の数も少なく、20%しか活動していない。タマサート大学で最も有名なのは法学部だが、ランキングが高いので、国際化の努力をしなくても構わないと考えている。対象的に理工学部は新しいので活発におこなっている。このような学部間の差は大学として注意して見ていかなくてはならないことである。

4　タマサート大学理工学部の国際交流

　理工学部はタマサート大学の中でも活発な国際交流を行っており、学部長方針としてアジア諸国の大学を中心に国際交流を行っている。筆者は東アジア研究所長も務め、総務担当副学長も務めて現在学部にもどり、学部長を務めているが、大学だけではなく学部も国際化を図っていかなくては

ならないと考えている。前節からもわかるように、大学レベルの国際交流は方針だけで終わってしまう傾向があり、実際には学部が動かないと大学全体としても目標を達成できないからである。

　理工学部は2007年から2018年まで約10年間で61か所と姉妹提携（MOU）を結んでおり、そのうちアメリカとのものが3か所、ヨーロッパとは6か所、アジアは34か所、民間会社が18箇所である。具体的には、日本、台湾、インド、スリランカ、ベトナム、マレーシア、アメリカ合衆国、連合王国などであるが、これら全て、100％が活動を活発に行っている。現在MOUの有効期限があるのは40か所で有効期限が無くなったのが21か所あるが、期限が切れた所も含め、61か所と引き続き交流を行っている。また、学部内に静岡大学、東京農業大学及び台湾の大学等の事務所が設置してあり、交際交流の充実を図っている。

　大学レベルの交流と同様に、交流内容は教師や職員の交換交流、学生の交換交流、研究交流などの学術交流である。現在、理工学部学生49人が外国へ留学中であり、逆に外国から受け入れている留学生は57人である。248人の学部教員のうち約92％にあたる227名は何らかのプロジェクトや研修で海外に行っており、海外研修に送った職員も80人を数える。学生数は4000人を超えているので海外に送った学生の数はまだ少なく、1％くらいにすぎない。

　このように学生、教育、職員の3部門に重点を置いて国際交流を進めているが、職員を国際交流に参加させる理由として、タイはアセアン連盟の1つの国なので、職員にもアジア連盟の国を理解させなくてはならないということがある。2018年はカンボジアに派遣して勉強させ、2019年は日本およびラオスに派遣して勉強させた。教員だけでなく、職員にも国際化の重要性を理解してもらわなくてはいけないと考えて実践しているのである。

　学部の国際交流による交換は短期間、中期間、長期間があるが、短期は1週間、中期は半年、長期は1年である。ほとんどの大学との交流は共同研究であるが、一緒にセミナーやフォーラム、研究会を共同主催しており、今年はタマサート、翌年は他の国、というように輪番制で実施している。

　学生の往き来も活発であり、筆者自身、毎年50人から60人の学生を日

本に研修に送っている。三重県の会社には、もう20年も続けて毎年8人ずつ学生を送り、会社と農場で活動させてもらっている。テーブルガーデンという横浜の会社にも学生を送って勉強させてもらっている。さらに日本だけでなく、いろいろな外国に学生を送って勉強させてもらっている。特に大学院生は、台湾や日本で開かれる学会などに連れて行き、積極的に参加させている。

　現在、大学が行っている外国語教育以外に、学部独自で英語3コースと中国語2コース、日本語2コースを設けている。学生に大変人気があり、数百人が英語を勉強したい、中国語を勉強したいといっている。日本語は最近弱くなってしまい100人に満たないが、それでも大勢の学生が学びたがっている。なぜ理工学部でこのように外国語を学ばせるかというと、海外に出て行ってもらう準備をするためである。学生の大学での専門分野は理系なので、外国語が弱い。そのため、なかなか海外に出ようとしない。その欠点を克服するために学部独自でこのように教育して、海外に出ようという学生を育てようと計画しているのである。学部の教育方針は徹底的な教育であり、国際的な研究活動である。国際的な機関としての大学は、学生をもっと海外に出さなくてはならない。タマサート大学全体の教育方針は、人のためになる人間育成である。人をサポートするために卒業生を社会に出すのが方針なので、自分のためではなく人のために勉強せよというのがタマサート大学の方針であり、同時に理工学部の方針でもある。

　タイの学生を海外に送り出すための教育の他に、理工学部では外国人留学生を1週間から1か月受け入れている。この受け入れでは、大学の中だけでなくタイの地域とか農村など、タイ社会を経験させるようにしている。我々のところに来る外国人留学生はみな喜んで母国に帰って行く。大学内の勉強だけでなく、より広いタイ社会を経験させるように、多様な活動をさせるからである。大学の中で勉強させるばかりでは、留学生は二度とタイに来ないであろう。

　今後の国際交流方針としてアジア諸国の大学との国際交流を増加し、教師50人（約20％）学生200人（約5％）以上を姉妹大学などに派遣する予定がある。また、現在は57人である外国の学生の受け入れを、100人、200人という単位に増やしたいと考えている。さらには姉妹大学と共同

コースなども展開していく方針を持っており、姉妹大学の修士および博士課程に留学する学生を増加させていきたい。

（ソムチャイ・チャカタカーン）

第四章
「東アジア」で言語教育の果たし得る、
まだ果たせていない貢献

1　はじめに

　本章では、まず、「東アジア」[1]地域の言語使用状況と外国語学習状況について、極めて大まかにその特徴を描く。次に、「東アジア」の経済大国（例として日本と中国）が、自国語の国外普及をどのような論理で肯定し、促進しようとしているのか、という点について論じる。その後、「東アジア」の状況と対照した時に、欧州での外国語教育状況がどのような特徴を持つかという点について述べる。最後に、「東アジア」地域で、「東アジア」に存在する国家語を、外国語・第二言語として教える教師たち——それはたとえば、日本の大学で、留学生に対して日本語を教える、本章筆者自身でもある——が、各人が所属する国家に対してではなく、この地域に暮らす人々の未来に対して、どのような貢献ができるかということについて記したい。

2　複数の言語で生きる日常と、
教育制度における「二重の単一言語主義」

　複数の言語で生きる日々は、「東アジア」の大都市においてありふれている。たとえば上海やソウル、台北、バンコク、東京で、それぞれの国家語以外の文字をまったく目にせず、国家語以外の音をまったく聞かずに一日を終えることなど、ほとんど不可能だ。インターネットやテレビの広告で外国語の音を聞き文字を目にするといったささやかな接触から、一日の大半を自身にとって第二、第三の言語でジャグリングをするようにすごす人まで、程度の差はあるにしても、複数かつ多様な言語使用は、いまや日常となっている。

　その一方で外国語の「教育」状況に目を移せば、まず目を引くのは英語への一極集中である。「東アジア」の国々の多くでは、1990 年代の後半から 2000 年代にかけて、次々に初等教育の段階で英語が必修化された。たとえば、タイが 1996 年、韓国が 1997 年、中国大陸と台湾はともに 2001 年、といった具合である [2]。McArthur（2002）は、英語を「アジアのリンガフランカ」と見なし、Honna（2005）はこれを、「アジアにおける、国々の内部での／国際的なコミュニケーションにおいて欠かせない言語」と位置づけている。

　むろん、英語は第二言語としては現在世界でもっとも学ばれている言語であり [3]、その点では上の状況に珍しさはない。しかし、第二言語・外国語としての英語が重要視されているといっても、その実態は地域によって様々である。「東アジア」においては、日本、中国、韓国が、互いに似通った言語教育政策を持っている。この三国の学校教育制度には、英語に一極集中した外国語教育が行われる一方で、単一の国家語教育が、ナショナル・アイデンティティと関わる形で強力に推進されているという特徴がある [4]。ここに成立するのは、「二重の単一言語主義」と呼ばれる状況である。内向けでは国家語だけが、外向けには英語のみが重視され、そこに目指されているのは、圧倒的に、自国語＋英語の二言語話者だ。日本、中国、韓国のなかでも、とくに日本においてその傾向は顕著であり、2016年 5 月 1 日現在において、中学校で英語以外の外国語科目を学ぶ生徒数の割合は約 0.09％、高校では約 1.3％と極めて低い [5]。人々の複言語性は——教育制度によって養成される言語能力に限っていえば、単調なものとなっている。

3　自国語の国外普及をうべなう論理——日中の場合——

　人やモノ、金、概念、情報の国境を超える移動が加速するなかで、日常生活においては、当たり前のように、複数の言語が交錯する。その一方で、そうした多様性をおそれ、その多様性からそれぞれの国家語を守るかのように、教育制度のなかでは「二重の単一言語主義」が加速している。
　ただし、こうした「二重の単一言語主義」は、あくまでも、それぞれの

自国「内」での言語（教育）政策に見られるものである。日本、中国、韓国は、自国民に対する教育政策としては、圧倒的に「二重の単一言語主義」をとっているが、対外的には、それぞれの自国語普及（第二言語、外国語としての日本語・中国語・韓国語教育）に力を入れている。日本の場合には、第二次世界大戦後に「日本語の普及」という課題が「外交青書」に登場した初年度は 1968 年に遡り（外務省 1968）、これは日本の GNP が西ドイツを抜いて世界第 2 位になった年である。4 年後の 1972 年には、外務省所轄の特殊法人として、「日本語の普及」を使命とする「国際交流基金」が設立されている。韓国もまた、政府機関および学会、教育機関等が対外的な韓国語学習・教育環境の整備を進めた時期と、GDP の急激な伸びおよび 1 万ドル超え（1995 年、2000 年）の時期が重なる（友沢 2008）。中国では、対外的な中国語の普及を担うのは「孔子学院」であり、その管轄主体は「国家对外汉语教学领导小组办公室」となっている。同機関が国務院の批准を経て成立した 1987 年に、中国の GDP 成長率は 11.6% だった。「孔子学院」の第 1 号が設置された 2004 年のそれは 10.1% である。その 3 年後、中国の GDP はドイツを超え、さらに 3 年後の 2010 年には日本を超えて世界第 2 位となっている。

　日本、中国、韓国の対外的な自国語普及政策には幾つかの共通点があるが、その一つが、いずれも、経済的な急成長を遂げつつある時期に開始された、という点である。そして、ここで、前提として確認しておきたいのは、自国語の対外普及は、教育政策というより、外交・経済・貿易政策の一環という意味を持つ、ということだ。

　英語という、社会的地位という点で特殊な位置にある言語をさらに普及し、同時にそれを最大限利用しようとするブリティッシュ・カウンシルは、2013 年の「The English Effect（英語効果）」という直截的なタイトルの文書で、次のように述べている。

　　イギリスにとって、英語は、信頼性の構築のために、したがって貿易と繁栄のために決定的に重要な要素である。「英語効果」を維持するために、我々は、英語を育て、英語に投資し続けなければいけない。そうすることで、我々の貿易や創造的産業、文化、人々に、利益や機会や価値がもたら

される。もしそれをしなければ、我々は、英国が持つ最大の資産（たる英語）から引き出される経済的、社会的、文化的価値を失ってしまうことになりかねない。(British English 2013, p.4, 訳と（　）内加筆は引用者による)

　ここでは、自国語の国外普及が、経済的、社会的利益という観点から述べられている。しかし、ブリティッシュ・カウンシルの理屈は、英語だからこそ成り立つということもできる。日本語、中国語、韓国語とも話者の多くは第一言語としてそれを話す人々であり、英語（英語を母語としない人々の英語使用は、英語を母語として用いる人々より多い）や、より小規模だがフランス語やスペイン語の状況とは、大きく異なる。

　では、「東アジア」の経済大国は、自国語を国外に普及すべき理由について、どのように位置づけているのだろうか。

　本節ではとくに日本と中国に注目し[6]、自国語の国外普及をうべなう語り方に見られる一定のパターンを指摘したい。自国語の国外普及をになう公的機関は、日本の場合には「国際交流基金」（以下、「基金」）、中国の場合には「国家対外漢語教学領導小組弁公室（以下、「漢弁」）である[7]。実は、両者が自国語の国外普及をうべなう語り方には、共通するふたつの論理形成パターンが見られる。ひとつはなぜ自国語の国外普及を行うのかという点に関する根拠を、外国における需要の増大に求めるパターンである（3-1 に後述）。もうひとつのパターンでは、何らかの理念を掲げ、その実現を目指しての自国語普及を主張するという形をとる（3-2 に後述）。

3-1　「需要の増大」を根拠とした説明

　両者に共通する語りの基本形は、「諸外国において、日本語／中国語への需要が増大している。その需要に応じなければならない」というものだ。自国語普及活動の起点を国外での需要においたこの語りは、公的文書においても、また関係する高官の言説においても頻見される。「漢弁」は自らの責務を「致力于为世界各国提供汉语言文化的教学资源和服务，最大限度地满足海外汉语学习者的需求」（力を尽くして世界各国に中国語と中国文化の教育リソースおよびサービスを提供し、国外の中国語学習者の需要を最大限に満足させる）ことだ、と位置付けているし[8]、「国際交流基金」の仕事につ

いては、1990年代を中心に、教育白書で「海外における日本語教育の<u>需要への対応</u>」が主眼とされていた[9]。

類似の意味を持つ表現として「汉语热（中国語熱）」や「日本語熱」が挙げられるが、こちらは、「基金」・「汉办」といった当事者たる機関の範囲を大きく超えて、マスコミや公的な場でも多用される。

まず、「日本語熱」について述べる[10]。諸外国における「日本語熱」（ないし「日本語学習熱」）は、とりわけ1985年前後から1990年代にかけて、日本の新聞や国会で頻繁に言及、増幅された。

たとえば朝日新聞では「海外で高まる日本語熱　道具としての需要急増」（1987/8/27朝刊）、「米国に草の根日本語熱」（1988/5/8朝刊）、「日本の先生、海外で教壇に　各国の日本語熱にこたえ文部省などが派遣」（1989/12/30朝刊）といった記事が掲載された。一方国会でも、外務委員会を中心に、「海外日系人に対する日本語教育と、それから最近海外における日本語熱というのが従来から比べますと非常に高まっておる」（1984/5/11　衆議院外務委員会、河上民雄議員）、「海外におきまして日本語熱が大変に高まっている」（1988/11/8参議院外務委員会、広中和歌子議員発言）、といった状況認識が繰り返されている。

中国でもまた、2000年代から2019年現在にかけて、「全球汉语热（世界的な中国語熱）」が喧伝されている。新華通信社は「中国强则汉语兴！"汉语热"席卷世界迎"全盛时代"（中国が強ければ中国語が振興する！「漢語熱」が世界を席巻し、「全盛時代」を迎えている）」（2017/10/28）という記事を発表し、光明日報は「"汉语热"前所未有 全世界都在讲中国话已不仅是歌词（前代未聞の「漢語熱」全世界がみな中国語を話すというのは、すでに絵空事ではない）」という記事を掲載した（2017/10/28）。「中国語熱」を意味する、この「漢語熱」という表現は、習近平国家主席の署名入り文書に登場することもあった[11]。

自国語の国外普及は、教育という面では、自国民に対する直接的な利益をもたらしはしない。というのも、その教育を受けるのは、ほとんどは自国民ではなく[12]、したがって費用の負担者と、直接的な受益者が異なるからだ。しかし同時に、これは極めてナショナル・プライドを刺激、増幅しやすいトピックのひとつでもある。

　新華通信社は、「漢語熱」（「中国語熱」）について書いた記事のひとつに、「我爱中国（私は中国が大好き）」と、たどたどしく、おそらくは毛筆で書いた紙をかかげる白人女性の写真を掲載しているが[13]、この写真は象徴的に、以下のメッセージに直結する。〈我らの国が「大好き」と言われていて、我らの言語や文化を学ぼうとする人がいる。だからこそ、その「熱」に、「需要」に、応える必要がある〉——これが、日本・中国が、自国語の国外普及について、多くは自国民に対して、肯定的に説明する際に見られる語り方の一つ目である。

3-2　何らかの称揚理念を目指す、という説明

　前項で記した語り方は、需要がすでに存在するからこそ、それに応じる必要がある、というもので、少なくとも表面上は受け身の形である。しかし、日本・中国が自国語の国外普及をうべなう語り方には、もうひとつの、より積極的なパターンがある。そこでは、何らかの理念を掲げられ、その実現を目指しての自国語普及が主張される。

　「基金」の場合には、称揚する理念は「相互理解」である。1972年に成立した国際交流基金法は、第1条で「国際交流基金は、わが国に対する諸外国の理解を深め、国際相互理解を増進するとともに、国際友好親善を促進するため、国際文化交流授業を効率的に行ない、もって世界の文化の向上及び人類の福祉に貢献することを目的とする」と定めている。ここには幾つかのキーワードが出ているが、なかでも「相互理解」は中心的なものであり、現在でも、国際交流基金が公開する様々な文書に頻出する（たとえば国際交流基金 2009）。

　国際交流基金法が成立（1972）した当時の外務大臣は、福田赳夫であるが、彼は、「国民相互の間の心と心の触れ合い」「海外との文化交流」が「急務」である、と説明している[14]。「心と心の触れ合い」や「海外との文化交流」は、一般的な物言いとしては、反対されることは少ないだろう。しかし、なぜ1970年代はじめにそれが「急務」とされたのか。その答は、法案説明の際の外務政務次官発言に垣間見える[15]。

　　外務省といたしましては、御承知のとおり日本が戦後二十数年を経まし

て想像もできなかったような経済的な発展を今日遂げてまいったのでございますが、そのように経済的に非常に世界の注目を浴びるような地位にのぼってまいりますと同時に、国際的には、一方において風当たりが非常に強くなってまいっておるわけでございます。この風当りというものは、ある面におきましては、国際社会において日本の正しい立場というものが誤解をされたり、十分な理解を得ていない点も多々あると思うのでございます。（中略）はなはだ遺憾なことでございますから、これに対して、この際どうしても諸外国の深い対日理解を得てもらうような方策をとっていかなければならない、こういう観点に立ちまして……（後略）（下線は引用者による）

　発言をまとめると、次のようになる。当時、日本は「経済的に非常に高い世界の注目を浴びるような地位」にのぼり、「非常に強」い「風当たり」を感じるようになったが、その「風当たり」の原因は、「日本の正しい立ち位置」への「誤解」あるいは「十分な理解を得ていない」ことによる。したがって、「諸外国」に「深い対日理解を得てもらう」ことにより「風当たり」の軟化をはかる必要があって、「基金」を成立したい。

　とりわけ 1970 年代、80 年代に口にされた、国際交流基金法審議の文脈での「相互理解」は、実質的には、エコノミック・アニマル等の批判をかわすための「対日理解」を意味し、それはしばしば、「正しい理解」「正しく理解」という言葉で言い変えられた。だからこそ、その「対日理解」≒「正しい理解」は日本に対して批判的なものであってはならなかった。当時の記録では、しばしば、「日本の理解者」と「日本批判家」が対置的に用いられていたことが注目される。

　　物の交流だけではこれは足らないし、またそれだけでは反作用もおそれられる。そこで相並行いたしまして日本人を正しく理解してもらう、そういうことが必要である [16]。（下線は引用者による）

　日本に留学して、国へ帰って日本の理解者として働く人も、これはある。しかし同時に、日本批判家になっちゃう、そういう傾向もあるんです。非常に残念なことに思います。（中略）海外になるべく多くの理解者を作って

おくという必要がある[17]。（下線は引用者による）

　上記第2例中では、「批判家」は「理解者」と対置され、その存在は「残念なこと」と捉えられている。「理解者」であるからこそ「批判家」になる、といった存在は想定されていない。発言者の外務大臣（福田赳夫）は無意識的だったかもしれないが、この発言の前提になっているのは、日本を批判するものは、日本の理解者ではない、という考えであるはずだ。「理解」（「相互理解」）という用語によって求められる「正しい理解」とは、日本に対して好意的な理解を意味していたのである。

　「汉办」もまた、「理解」という用語を用いることはあるが、「汉办」の「理解」には、称揚理念としての色合いは薄い。「汉办」の称揚理念は、公式ウェブページでの機関紹介のページにも見られる「携手发展多元文化，共同建设和谐世界做贡献」（手を携えて多元文化を発展させ、ともに調和した世界を作り出すために貢献する）という部分にある。この文言は、各地の孔子学院紹介文書やウェブサイトで、幾度も再掲され、広く共有されている。

　このような目的が設定されるに至った経緯を分析できる資料は、管見のかぎり公開されてはいないが、ここでは、本章の興味関心から、この中の「多元文化」という表現に注目したい。というのも「中国語の普及」が「多元文化」の発展に貢献する、という命題は、無条件では受け入れられないからだ。

　「中国語の普及」が「多元文化」の発展に貢献する、という事態を成立させるためには、ふたつの前提が必要である[18]。1)「中国語の普及」は、中国国内では「多元文化」の発展に貢献しないので、「多元文化」が発展すべき場所として想定されているのは、中国国外であるということ。および、2) 国家主義的な考え方である。中国教育部は、中国国内に130種あまりの言語が存在するとしているが（中华人民共和国教育部, 2015）、このうち「汉办」が教育・普及対象としているのは、「漢語（中国語）」1言語に限られている。したがって「汉办」のいう「多元化」とは、文化・言語の発信「元」が多様であればあるほど良い、といったものではなく——すなわち「多元化」そのものに価値を置くわけではなく、「汉办」が現状より「多」くあってほしいのは、あくまでも中国語による発信なのである。

「基金」の「相互理解」も、「汉办」の「多元文化」も、表面的にはいずれも普遍的な価値をあらわすように見える。しかし実際のところは、それぞれの国家が、自国の影響力や好感度を高めようとしている行為の直接性を、柔らかく覆いかくす機能を与えられた用語となっている。

4　いま「東アジア」には無いもの——欧州と比較して

　すでに述べたように、自国語の対外普及は、教育政策というより、外交・経済・貿易政策の一環という意味を持つ。そして、日本や中国より以前から、そうした国益増大の意図をもって、自国語の対外普及を図ってきたのは、多くが西ヨーロッパの国々である。フランスのアリアンス・フランセーズ、イギリスのブリティッシュ・カウンシル、ドイツのゲーテ・インスティテュート、スペインのセルバンテス文化センターなどは、「東アジア」の経済大国が自国語の対外普及をはかる際に、一定のモデルを提供してきた。

　とはいえ、そうした国々と、「東アジア」における経済大国（日本、中国、韓国）の言語教育政策は幾つかの点で大きく異なる。本稿の文脈でいえば、注目すべき最大の点は、日本、中国、韓国には色濃い「二重の単一言語主義」が見られるが、ヨーロッパでは、欧州評議会という超国家機関のレベルで、複言語主義が打ち出されている、という点である。それぞれの国家において、自国語の対外普及を促進する機関は強い力を持つが、それと同時並行的に、人々が、英語に限らず複数の言語を学ぼうと意欲するような、超国家レベルでの政治的イニシアティブと、そのためのシステム整備が進んでいる。

　欧州評議会による言語教育政策を根拠づける根本的な政策文書は、ヨーロッパ文化協定（1954年12月19日）にさかのぼる。同協定は、その第2条で、言語教育について次のように規定している。

　　締結各国は、可能な範囲内において、

　　a. 自国民に協定締結諸国の言語、歴史、文明の学習を奨励し、自国領土内

においてそのような学習の発展を容易にする手段を他協定締結諸国に提供し、ならびに

b. 他協定締結諸国の領土内において、自国の言語あるいは自国の複数言語、歴史、文明についての学習が発展するように、また他協定締結諸国の国民に、自国領土内で同様の学習を行う機会を提供するように努力する。

（ヨーロッパ文化協定第2条　訳は山本（2010）による）

　つまりここでは、自国内での協定締結諸国の言語、歴史、文化学習（第2条 a）と、他の協定締結諸国内での自国の言語、歴史、文化学習（第2条 b）が、対になった形で、奨励されているのである。

　このヨーロッパ文化協定に端を発する、様々な政治的努力、行政面での措置により、2016 年時点での、欧州連合加盟国全体での後期中等教育（おおむね日本の高校相当）において、2つ以上の外国語学習を学ぶ学生の割合は、60％近くに達している（Eurostat, 2018）。これは、1.6％という日本のそれ（2節参照）とは、比べものにならない。

　第二言語、外国語教育の世界には幾つかの潮流があり、いまもっとも大きな影響力を持つそれは、おそらくは、欧州評議会のイニシアティブにより策定された、「Common European Framework of Reference for Languages: Learning, Teaching, Assessment（外国語の学習、教授、評価のためのヨーロッパ言語共通参照枠」（以下「CEFR」）である。「CEFR」はヨーロッパで構想されたが、ほぼどのような言語であっても能力評価を可能にするという点で、きわめて高い汎用性を持つ。「東アジア」の国々も、それぞれの国家語の第二言語・外国語としての教育施策をすすめるうえで、「CEFR」を取り入れつつあるが、ツールとしての「CEFR」利用が進む一方で、「CEFR」を創りあげるまでにヨーロッパが必要としたプロセスや背景、そして複言語主義という概念が提起する広範な課題は、ほとんど注目されてはいない。

　複言語主義とは、欧州評議会による言語教育政策の根本とされる概念であって、価値としての側面、能力としての側面という、ふたつの面を持つ。これは、「すべての話者に内在する、単独で、ないし教育活動によって導

かれて2つ以上の言語を用いたり、学んだりする能力としての複言語主義（欧州評議会言語政策局 2016/2007, p.18-19）」と、「言語に対する寛容性を養い、その多様性を積極的に容認する基礎となる」ような「教育的価値としての複言語主義（同, p.19）」として説明されている。

　「CEFR」の背景には、ヨーロッパ文化協定の第2条、複言語主義と、それを起点とした、第二言語・外国語としての言語教育アクターの広範囲かつトランスナショナルな協働がある。一方、「東アジア」地域には言語教育に関わる超国家的な組織が存在せず、「東アジア」の国家間で、相互に言語教育・学習を振興しようという政治的イニシアティブもない。第二言語・外国語としての言語教育・学習は、本質的に他者との出会いを求めるもの、そして他者とともにある未来を創りだす力を持ちうるものだが、そうした役割を積極的に担えるはずの言語教師さえも目標言語ごとに（日本語、中国語、韓国語……）分断されて、ほとんどやりとりの機会もない、というのが現状である。

5　言語教育の果たし得る、まだ果たせていない貢献

　本章筆者は、「東アジア」をフィールドとし、より民主的な「東アジア」を希求する言語教育研究者がヨーロッパから学ぶべきは、「CEFR」などの成果そのものというよりは、むしろそれがなされるまでの国境を超えた合議のプロセスにあると考える。「CEFR」作成時に限らず、欧州評議会のプロジェクトやワークショップは、加盟各国から多様なステークホルダーが参集されるというステップから始まっている。

> 　欧州評議会のワークショップにおける重要な点は、参加者をひとつのカテゴリから募るのではなく、（たとえば言語教育関係であれば）教師、教師養成者、査察官、行政、研究者、試験作成者、教科書執筆者ほか……を集めるところにあり、そのことによって、互いへの理解と、共通目的を持っているんだという感覚を養うことができる（Sheils 1996, p.92, 下線は引用者による）

　こうして、国や母語や分野が異なる人々が共通してプロジェクトに取り組み、そのことによって、「互いへの理解と、共通目的を持っているんだという感覚」を養うことができる。もちろん、ヨーロッパにおいても、互いへの不理解や断絶は多々存在する。しかし「東アジア」には、ヨーロッパとは異なる種類の危機があり、そのひとつが、民間レベルに存在する、近隣国への不信や嫌悪である。「互いへの理解と、共通目的を持っているんだという感覚」は、「東アジア」にも必要だ。まずは他者の言語を学ぶことの支援を仕事とする外国語・第二言語の教師たちのあいだに――にもかかわらず目標言語ごとに分断されている教師たちのあいだに、ともに関わり、ともにアクターとなれるようなプロジェクトを立ち上げることが必要ではないか。その先にこそ、この地域に暮らす人々の言語レパートリーに複数の「東アジア」言語がふくまれる未来がある。それが、今後の「東アジア」の平和と安定のために、そして何より個々の「東アジア」人の創造的未来のために、言語教育の果たしうる――そしてまだ果たせていない貢献である。

（山本 冴里）

注
1）本書タイトルにも、また執筆者らの多くが所属する山口大学東アジア研究科の機関名にも、「東アジア」という文字は含まれているのだが、そもそも、「東アジア」という言葉が、地理的な意味で、あるいは地政学的な意味で、地球上のどこからどこまでの部分を指すのかということについて、一般的な合意は無い。そして、「東アジア」に位置することがほぼ当然視される国・地域間においても（たとえば北朝鮮と日本の間には）、様々な異なりが存在する。そうした点では、「東アジア」も「東アジア人」も、多分に想念のなかの存在にすぎない。にもかかわらず、本稿では、この用語を用いる。本稿で筆者が試みるのは厳密な分析ではなく、「東アジア」という用語を措定することによって想像の風船をふくらませ、いまはまだない協働的な空間を夢想することなのだ。
2）こうした国々は、Kachru（1992）の影響力あるモデルに従えば、日本と同様に、英語の Expanding Circle、すなわち英語が主に外国語として用いられ、学ばれる地域に属する。同じく「東アジア」の国家であっても、同モデルでは Outer Circle（英語が、国内の社会生活においても重要な意味を持つ場所）として位置づけられるフィリピンは、すでに 100 年以上にもわたり、主として英語で教育を行っている。フィリピンにおける近年の複雑な言語教育史については、Shangkuan（2008）が詳しい。
3）もっとも話されている言語とは異なる。Ethnologue（2018）によると、現在世界でもっとも話されている言語は多いほうから中国語、スペイン語、英語、アラビア語の順となっている。

4) 中国大陸、韓国、日本に地理的に近接し、なおかつ「東アジア」で経済的な発展が進んでいる地域には台湾があるが、台湾の言語教育状況はやや異なる。台湾では、2001 年から全台湾の小中学校において、タイヤル語、客家語、パイワン語など、「郷土言語」の教育が開始されている。台湾での「郷土言語」教育状況について、日本語で記された資料には、たとえば谷口（2005）がある。

5) この割合は、文部科学省初等中等教育局国際教育課「平成 27 年度高等学校等における国際交流等の状況について」第 8 項中の表、および文部科学統計要覧（平成 29 年版）「4. 中学校」、「7. 高等学校」中の表をもとに、本章筆者が計算した。参考文献中には、それぞれ、文部科学省初等中等教育局国際教育課（2017）、文部科学省（2017）として示す。

6) ここで、国内の言語教育状況の類似する韓国を比較対象から外したのは、本章筆者が、それに必要な韓国語能力を持たない、ということが主要な理由である。韓国における状況の特殊性が原因なのではない。

7) 国際交流基金は、1972 年に特殊法人として設立された。2003 年にこの特殊法人は廃止され、国際交流基金は、あらたに独立行政法人として成立した。一方、「汉办」は、その公式ウェブページ冒頭に、2010 年の時点では、「汉办是中国教育部下属的事业单位，为非政府机构（汉办は中国教育部の下位組織で、非政府組織である）」という、いわば矛盾した表現を置いていたが、「非政府組織である」という部分は、2011 年 11 月 10 日に参照した際には削除されていた。2019 年 9 月 18 日に確認した表現では、この部分は、「国家汉办是中国教育部直属事业单位（汉办は中国教育部に直属する下位組織である）」となっている。

8) 「汉办」のウェブサイトトップページは、筆者は 2010 年頃から定期的に確認を続けているが、常にこの表現が見られる。参考文献リスト中には、汉办「关于我们 国家汉办」と表示する。引用部の下線は本稿筆者による。

9) たとえば文部省（1993）にこの表現がある。引用部の下線は本稿筆者による。

10) なお、「日本語学習熱」については、嶋津（2008）が詳細な調査と批判的考察を行っている。

11) タジキスタン訪問時に、タジキスタンの通信社記事に発表（2019/6/12）されたものである。本章筆者は、これを中国の全国人民代表大会ウェブページで確認した。<http://www.npc.gov.cn/npc/c30834/201906/4b91b918b29743f5bd8562cc356cd3ca.shtml>（2019/9/20 最終確認）

12) 駐在員の子女などは例外である。

13) 「"汉语是未来的语言"──汉语热在摩洛哥北部悄然兴起（「漢語は未来の言語」──モロッコ北部で漢語熱はじまる）」と題した、2018/3/29 付の記事による。

14) 1972/3/8 衆議院外務委員会における福田赳夫（外務大臣）発言より。

15) 1972/3/8 衆議院外務委員会における大西正男（外務政務次官）発言より。

16) 1972/5/2 参議院外務委員会における福田赳夫（外務大臣）発言より。

17) 1972/3/12 衆議院外務委員会における福田赳夫（外務大臣）発言より。

18) そしてこの 2 つの前提は、そのまま「汉办」、すなわち「国家対外汉语教学領導小組办公室」の名に表現されている。この機関は「外」に「対」して「汉语（中国語）」を教学し指導するためのものなのだ。

参考文献

〈日本語〉

欧州評議会言語政策局（2016）『言語の多様性から複言語教育へ—ヨーロッパ言語教育政策策定ガイド』山本冴里（訳）くろしお出版（Conseil de l'Europe, Division des Politiques Linguistiques（2007）, De la diversité linguistiques à l'éducation plurilingue: Guide pour l'élaboration des politiques linguistiques éducatives en Europe <https://rm.coe.int/16802fc3ab>（2019/9/20 最終確認））

外務省（1968）「外交青書」<https://www.mofa.go.jp/mofaj/gaiko/bluebook/1968/s43-contents.htm>
（2018/10/30 最終確認）

国際交流基金（2009）「JF 日本語教育スタンダード試行版」< https://jfstandard.jp/pdf/trial_all.pdf >（2019/9/20 最終確認）

嶋津拓（2008）『海外の「日本語学習熱」と日本』三元社

谷口龍子（2005）「台湾における「郷土言語」教育とその問題—「國民中小学校九年一貫課程」（2001）を中心に」ICU comparative Culture, 37: 65-86.

友沢昭江（2008）「日本と韓国における自国語普及施策の比較（試論）」、『桃山学院大学総合研究所紀要』33(3): 30-45.

文部省（1993）「教育白書」
< http://www.mext.go.jp/b_menu/hakusho/html/hpad199301/index.html>
（2018/10/30 最終確認）

文部科学省（2017）『文部科学統計要覧（平成 29 年度版）』< http://www.mext.go.jp/b_menu/toukei/002/002b/1383990.htm>（2019/9/20 最終確認）

文部科学省初等中等教育局国際教育課（2017）「平成 27 年度高等学校等における国際交流等の状況について」
<http://www.mext.go.jp/component/a_menu/education/detail/__icsFiles/afieldfile/2017/07/06/1386749_27-2.pdf>（2019/9/20 最終確認）

山本冴里（2010）「欧州評議会の言語教育政策」細川英雄・西山教行（編著）『複言語・複文化主義とは何か—ヨーロッパの理念・状況から日本における受容・文脈化へ』くろしお出版：2-21.

〈中国語〉

汉办「关于我们 国家汉办」<http://www.hanban.org/node_7447.htm>（2019/9/20 最終確認）

中华人民共和国教育部（2015）「中国语言文字概况」
< http://www.moe.gov.cn/jyb_sjzl/s5990/201506/t20150610_189893.html >
（2018/10/30 最終確認）

〈英語〉

British English（2013）*The English Effect*
<https://www.britishcouncil.org/sites/default/files/english-effect-report-v2.pdf >
（2019/9/20 最終確認）

Ethnologue（2018）Summary by language size

<https://www.ethnologue.com/statistics/size> (2018/10/30 最終確認)

Eurostat (2018) Foreign Language Learning Statistics <https://ec.europa.eu/eurostat/statistics-explained/index.php/Foreign_language_learning_statistics> (2019/9/20 最終確認)

Honna, N. (2005). English as a Multicultural Language in Asia and Intercultural Literacy, *Intercultural Communication Studies* XIV: 2: 73-89.

Kachru, B. (1992). *The Other Tongue: English across cultures*. University of Illinois Press.

McArthur, T. (2002). English as an Asian language. ABD, 33(2): 3-4.

Shangkuan, K. S. (2008) English Language in Philippine Education: Themes and Variations in Policy, Practice, Pedagogy and Research, Asia-Pasific Journal of Research in Early Childhood Education, The Pacific Early Childhood Education Research Association, 2(1): 19-33.

Sheils, J. (1996) The Council of Europe and Language Learning for European Citizenship: *Evaluation and Research in Education*, 10(2): 88-103.

本章の内容は、全体として、2018 年 12 月 8 日に山口大学で行われた、東アジア国際学術フォーラム「成長するアジアにおける教育と文化交流」における発表「複言語、複文化の人が行きかう場所へ：東アジアに見る夢」を発展させたものです。本章の内容のうち、第 3 節は、日本言語政策学会第 13 回大会（2011/12/3-4）での本章筆者による口頭発表を元にしています。また、第 3 節 1 項内の「相互理解」という国際交流基金が持つ理念分析に関しては、より詳細なものを、山本（2014）の第 2 章に掲載しています。

山本冴里（2014）『戦後の国家と日本語教育――国会会議録の分析を中心に』くろしお出版

第五章
アジアの ICT 教育

1　はじめに

　グローバル化、人口構成の変化、エネルギー・環境問題など様々な課題が複合的に現れ、それらの課題に対して、協働して知識やアイデアを出し合いながら解決し続けていくことが求められている。特に、AI や IoT 等の ICT によるデジタル革新は、社会の在り様を劇的に変化させうる道具（テクノロジー）となり、我々は課題解決の場面でこれらの道具を上手に活用することが求められ、これまでの学びの姿をも変化させなければならない状況にある。

　本章では、これからの変化の激しい時代において、我々の仕事や教育に対する ICT の必要性について述べ、アジアや世界の ICT 活用の現状について説明する。さらに、現在、我が国の初等・中等教育において進められている「分かる授業のための ICT 活用」と「情報活用能力を育む ICT 活用」について述べる。最後に、これからの教育のキーワードとなる「遠隔合同授業」、「プログラミング的思考」、「ICT 活用に関するポートフォリオ」について解説する。

2　教育における ICT 活用の必要性

　狩猟、農耕、工業、そして情報と進んできた我々の社会は、「Society5.0」と呼ばれる我々が住んでいる現実的な空間と AI や IoT などのテクノロジーによってつくられる仮想的な空間を融合させたシステムによって、経済発展と社会的課題の解決を両立させようとする新たな時代へと歩みを進めている [1]。現在、そして新たな時代では、グローバル化によ

る産業構造の変化、テクノロジーの劇的な進化によるイノベーション速度の上昇とそれに伴う知識基盤社会のさらなる進展、人口構成の変化と長寿化に伴う少子高齢化、地方の人口減少と産業構造の弱体化への対応、エネルギーや環境問題への対応など世界、そして日本において解決すべき課題は複合的になり、その対象は地域や国を超えて世界的規模になることが多くなる[2]。当然のことながら、このような課題解決では、解決策は1つではなく、一人で解決を模索するより多様な価値を有する人々とともに協働的に試行錯誤して解決策を創り出し、さらにより付加価値のある解決策を検討することが求められる。

このような変化の激しい時代に求められる資質・能力、そして教育はどうあるべきか。世界の国や地域において、文化や状況を踏まえた上で求められる資質・能力を整理し、それらに基づく教育改革が進められている[2]。そこでは、認知スキルとして批判的思考や問題解決、学び方の学習、社会スキルとしては、各国や地域の文化や民族を踏まえた個人的・社会的責任、異文化間理解、人間関係力、キャリアと生活といった項目が資質・能力としてあげられている。さらに、その認知スキルや社会スキルをいかすための基礎的なリテラシーとして、言語、数理とともにデジタル・コンピテンスやICT・情報リテラシーがあげられ、それらを相互作用的な道具として活用する力が求められているところが特徴的となっている。このような教育や学習では、「必要となる情報や知識を活用できるリテラシー」、「目的に応じてICTを効果的に活用できるリテラシー」、「ICTを学びを革新するための道具と考えられる意識や態度」などが重要になってくると思われる。

図11-1は、教育や学習で活用できる最近のICTのキーワードである。書画カメラ、学習アプリ、eラーニングといった知識やスキルを習得する際に活用されるテクノロジーばかりでなく、知識や情報を収集して共有し、個人的に、さらに協働的に思考・判断・表現するための電子黒板、電子教科書、通話・中継・配信システムといったテクノロジーを活用できるリテラシーが必要とされる。また、対象理解の分かりやすさ、学びの個別化、情報の分析、そして新たな価値の創造などのために、VR（Virtual Reality：仮想現実）、AR（Augmented Reality：拡張現実）の活用、eラーニングやe

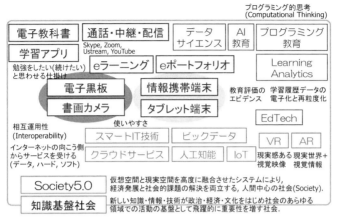

図 11-1：最近の教育・学習活用 ICT のキーワード

ポートフォリオ、人工知能やクラウドサービス、ビックデータによるデータサイエンス、LA（Learning Analytics：学習データ分析）といったテクノロジーを活用できることが求められる。さらに、STEM（Science：科学、Technology：技術、Engineering：工学、Mathematics：数学の頭文字をとった用語）教育[3] やプログラミング教育[3]、AI 教育を実施することが、ますます必要とされてくる。つまり、情報や知識を効果的にキャッチアップするための ICT 活用だけでなく、情報や知識を創造するための ICT 活用など「自らの学びを革新するための ICT」という意識をもつことが求められる時代になっている。

3　アジアや世界の ICT 整備と教育における活用

　変化が激しく、先を予測しにくい時代を柔軟に生き抜いていくために、多くの国や地域で自律的な行動能力、協働的な問題発見・解決力や新たな価値の創造力、人間関係の構築力などの資質・能力が重要視されている。そして、その具体的な問題発見・解決などに対して情報やデータの活用能力や ICT（テクノロジー）の活用リテラシーを身に付ける必要性が叫ばれている[3]。既に積極的な ICT 整備や教育・学習への ICT 活用に取り組ん

でいる国・地域が存在している。ここでは、アジアと世界の整備・活用事
例を紹介する。

3-1　シンガポール[4]

　シンガポールでは、教育省が「Masterplan for ICT in Education」を作
成している。1997 年から ICT 環境整備、教員スキル研修、教育ソフトの
開発を目標としたマスタープラン 1（Building the Foundation）、2003 年か
ら様々な教育用ツールを活用した授業の実施、インターネット環境の充実
などを目標としたマスタープラン 2（Seeding Innovation）、2009 年からモ
バイル端末や無線 LAN 環境の整備やフューチャースクールの実施、カリ
キュラム・評価・教育法のデジタル化などを目標としたマスタープラン 3
（Strengthening and Scaling）が展開されてきた。その成果として、学校の
WiFi 環境の整備率は 100%、タブレット端末 1 台あたり 4.0 人を達成して
いる。そして現在、将来に備えた自立したデジタル人材の育成を目標にマ
スタープラン 4（Deepening Learning, Sharpening Practice）が実施されてい
る。

3-2　韓国[4],[5],[6],[9]

　韓国では、2000 年頃から学校の校務データや児童・生徒データのデジ
タル化が進んでいる。また、EDUNET やサイバー家庭学習などの学習サ
イトを政府が無償で提供することによって、家庭における PC とインター
ネットの普及が進行した。これらの試みが、2011 年からタブレット端末
を教育に活用するスマート教育（SMART: Self-directed〈自ら主導する〉、
Motivated〈動機づけられた〉、Adaptive〈学習者に適合した〉、Resource
enriched〈充実した教材を使った〉、Technology embedded〈技術が埋め込まれ
た〉の略字）につながっている。これらの教育の情報化に関する政策やシ
ステムを開発するのが、政府機関 KERIS（韓国教育学術情報院）であり、
世界的にも特徴的な機関である。
　韓国のデジタルコンテンツを活用した授業の歴史は、2005 年から、サ
イバー学習が小学 1 年生から中学 3 年生までを対象として約 250 万人に活
用されてきた。その後、2008 年から 2014 年まではモデル校を対象にして

デジタル教科書が導入され、2016 年には約 3000 校の児童・生徒によって利用された。また、新しいカリキュラムに対して、2018 年に小学 3・4 年生と中学 1 年生、2019 年に小学 5・6 年生と中学 2 年生にデジタル教科書が無料で提供されている。このデジタル教科書の特徴は、AR や VR 技術によるリアルな学習コンテンツで学びが展開できること、相互作用的な使い方が可能であること、データをデジタル教科書に記録して個人・グループ別に学習分析が可能なことの 3 つに集約される。さらに、学習者の学習結果を分析して学習ポートフォリオを創り、オーダーメイド型の個別学習環境を提供できる可能性を有している。プログラミング教育（韓国ではソフトウェア教育と呼ぶ）に関しては、2015 年の教育課程改編によって、小学校では、2019 年から科目「実科（実用的なことを学ぶ科目）」のなかで、小学 5・6 年生が問題解決やアルゴリズム、情報に関するモラルなど 17 時間分を学習する。そこでは、プログラミング学習プラットフォーム「エントリー」が利用される。中学校では、2018 年から科目「情報」のなかで、問題解決や簡単なアルゴリズム、プログラム開発など 34 時間分を学習する。

3-3　中国 [5]

中国では、1984 年からコンピュータの学校現場への導入がはじまり、2011 年からインターネット環境、教育プラットフォームなど教育の ICT 化に向けた 10 か年計画が発表された。年間教育予算の 8% を教育 ICT に予算化し、2013 年の 1,959 億元（約 2.9 兆円）から約 9% ずつ増加している。また、2016 年に 5 か年計画が発表され、無線 LAN の整備、教育プラットフォームのデータ統合、さらに、オンライン学習、STEM 教育などの新たな教育モデルの開発と推進を掲げている。特に、STEM 教育では、2016 年に STEM 教育促進の方針が発表され、上海における「STEM+」教育研究センターの設立と 10 年間の実証研究（STEM 教育カリキュラムの設計開発や教員養成・研修支援の実施）、深センにおける創客（モノ創りできる人）教育に特化した STEM 教育の教育課程（情報技術活用、技術設計、創意制作の軸）の基準策定と公教育での実証実践を実施している。

3-4　フィンランド [4),5),6)]

　学習者中心の「学ぶ」教育を推進しているフィンランドでは、BYOD（Bring Your Own Device: 自分の情報端末を教室に持ってきて授業等で利用）も含めた情報端末や無線 LAN 環境の整備が進められている。2014 年からデジタル教材の利用や指導案の作成・共有、そしてデジタル教材活用ノウハウの共有機能を提供する EduCloud の構築が開始され、2016 年度から大規模に実証展開が行われている。さらに、LMS（Learning Management System: 学習管理システム）の機能を有するブラウザを通じて様々な情報端末から利用可能で BYOD にも対応しているオープンソース型クラウドプラットフォーム Dream Platform と EduCloud を連携することによって、EduCloud から購入したデジタル教材を Dream Platform の学習者個人のデスクトップ上で学習して、その学習成果をポートフォリオとして蓄積することが可能になっている。また、プログラミング教育に関しては、2016 年から 7 歳〜 16 歳の学年の各教科（算数科中心）においてプログラミングを横断的に取り入れて必修化している。

3-5　米国 [4),5),6),7)]

　米 国 で は、 オ バ マ 政 権 下 で 2013 年 6 月 に EdTech（Educational Technology: 教育・学習におけるテクノロジー）の活用を進める ConnectED イニシアチブが発表され、5 年以内に図書館や学校等における高速インターネット環境の整備、教員の IT スキルトレーニング支援、そしてデジタル教材の整備などが目標として掲げられた。その結果、2017 年現在で、88％ の小学校・中学校に WiFi 環境が導入されている。また、2015 年 12 月に教育改革法（ESSA: Every Student Succeeds Act）が成立し、教育格差やデジタル格差を是正するために、K-12（幼稚園から高校まで）においてコンピュータサイエンスが重要科目（well-rounded education）として位置づけられ、STEM 教育がさらに本格化するトリガーとなった。一方、テクノロジーを活用した教育・学習のアセスメントでは、米国連邦教育省の NETP（National Education Technology Plan: 初等中等教育における EdTech 活用に向けたビジョンとプラン）である Future Ready Learning（NETP2016）や NAEP（National Assessment of Educational Progress: 米国学力調査）にお

いて、「学習プロセスに埋め込んだ学習者の理解度のアセスメント」と「その結果分析と可視化」の必要性が唱えられている。さらに、反転授業（Flipped Learning）に関しては、非営利組織 Khan Academy などで学習コンテンツが開発され、授業で活用されている。

3-6　英国 [4),5),6),8)]

英国では、各学校が教育予算の分配比率を決定する権限を有しているため、計画的に ICT 整備を実施することが可能になっている。そのため、例えば、電子黒板に関しては、2010 年の段階で小学校100%、中学校84%の導入状況である。また、地域学校に対するネットワーク環境の整備やコンテンツサービスは、RBC（Regional Broadband Consortia）と NEN（National Education Network）が貢献している。例えば、ロンドンの LGfL（London Grid for Learning）では、エリア内の 100 万人を超える児童・生徒にネットワークとコンテンツを提供している。シングルサインオンによって利用でき、家庭からもリモートアクセスによって利用可能である。情報教育の教科については、既に 1995 年から義務教育期間で独立教科「IT」が必修化され、1999 年から ICT リテラシーや情報活用能力の習得を中心とする「ICT」へ教科名を変更している。そして、2014 年から CS（Computer Science）、IT（Information Technology）、DL（Digital Literacy）の 3 分野から構成される教科「Computing」が必修化されている。初等教育段階（KeyStage1:Year1-2, KeyStage2:Year3-6）では、週 1 時間程度、簡単なアルゴリズムの理解やプログラムの作成などを課題解決型の学習を中心にして実施されている。中等教育段階（KeyStage3:Year7-9, KeyStage4:Year10-11）では、KeyStage3 では週 1 時間程度、KeyStage4 では週 2 時間程度、アルゴリズムの理解、プログラミング言語の理解と作成、基礎的なコンピュータサイエンスや Computational Thinking（計算論的思考）スキルの理解と応用などを学習している。また、日本のセンター試験に相当する GCSE（全国統一試験制度）の受験科目として採用されている。

以上のように、各国・地域において ICT 環境の整備が進められているが、予算措置の問題などで順調に進められていない状況も存在する。また、

OECD の PISA2012 における「デジタル能力調査」の分析結果として、ICT 機器を単純に利用するだけでは成績向上にはつながらず、現状の教育そのものの格差改善、さらには ICT 機器の潜在性を引き出すことができる新しいアプローチを探究することの必要性があると述べられている [5, 10]。

4　日本における教育・学習における ICT 活用

　平成 29 年（2017 年）に告知された学習指導要領では、図 11-2 で示すように、各教科等で育成すべき能力・資質が「知識・技能の習得」、「思考力・判断力・表現力等の育成」、「学びに向かう力・人間性等の涵養」の 3 つの柱に整理されている [10), 11)]。また、これらの資質・能力を育成するために、学習の基盤となるのが「言語能力」「情報活用能力」「課題発見・解決能力」等であると述べられている [10)]。この情報活用能力は、「世の中のさまざまな事象を情報とその結び付きとして捉え、情報及び情報技術を適切かつ効果的に活用し、問題を発見・解決したり自分の考えを形成したりしていくために必要な資質・能力」[10)] と定義されている。

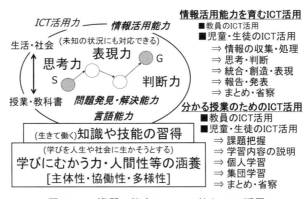

図 11-2：資質・能力の 3 つの柱と ICT 活用

　知識や技能の習得はもちろん、課題対象における問題の発見、情報や知識の収集、思考や表現、判断するための根拠の収集・構築、他者との関わり、他者との協働、新しい価値の産出等の活動に対して、その活動を適切

かつ効率的に進めていくために、ICT は必要不可欠な道具となる。その
ために、学校教育の授業などの様々な場面において、ICT を繰り返し活
用する体験を通して、ICT 活用力を身に付けていくことが求められる。本
節では、初等・中等教育における ICT 活用を「分かる授業のための ICT
活用」と「情報活用能力を育む ICT 活用」の 2 つに分けて各々の活用の
ねらいについて考えてみる。

4-1　分かる授業のための ICT 活用

　分かる授業のための ICT 活用では、ICT の使い手（操作者）によって、
「教員による ICT 活用」と「児童・生徒による ICT 活用」に分けられる。
　教員の ICT 活用のキーワードは、時間短縮、拡大表示、焦点化、視覚
化、指導機会向上などが考えられる。教員が指摘した教科書のページを児
童・生徒全員がそろって開くためには、小学校低学年ほど時間がかかり、
授業時間が減ってしまう原因の一つになる。そこで、教科書や地図、プリ
ントなどを書画カメラ経由で大型提示装置に表示することによって、児
童・生徒を前に向かせるだけで済み、表情の変化や理解度の把握も可能で、
時間短縮につながる。また、学習対象や説明対象を大型提示装置上で拡大
表示や焦点化することによって、児童・生徒の興味・関心を向上させるだ
けでなく、学習対象が理解しやすくなると考えられる。その際、学習対象
を画像や映像、シミュレーション等で視覚化することが有効である。さら
に、児童・生徒のタブレット PC 等での活動状況を教師用 PC で確認する
ことによって、指導を必要としている児童・生徒を的確に認識することが
でき、指導機会の向上につながる。
　一方、児童・生徒の ICT 活用のキーワードは、見える化、構造化、言
語化である。学習活動中の思考活動を思考ツールによって外化（見える
化）することは、思考活動を意識することにつながり、曖昧になりがちな
考え方を考えること、そして理解することが可能になる。また、この思考
ツールや概念マップツールを活用して知識や情報を構造化することは、
「分かる」こと、そして「できるようになる」ことや「深い理解」へとつ
なげることができる。さらに、コミュニケーションツールを活用した意見
の交流やプレゼン資料作成ソフトを活用した発表や説明は、児童・生徒の

	教員の ICT 活用場面	児童・生徒の ICT 場面
導入	・前時の授業内容の復習 　＋前時の板書写真を〈大画面提示装置〉で示す。 　＋前時の活動を〈動画〉で示す。 ・学習対象への興味・関心の向上 　＋学習対象の写真や動画を見せる。 　＋〈情報提示系ツール〉で学習の流れを示して，見通しを持たせる。	・前時の学習内容の復習 　＋学習内容の復習するために，自分の〈デジタルノート〉を見直す。 ・学習対象への興味・関心の向上 　＋今日の学習対象となる動画（クリップなど）・写真，資料を確認する。
展開	・一斉指導による授業の効率化と理解の促進 　＋学習対象の実物あるいは関連物を〈書画カメラ〉で提示して，説明する（お手本を見せる）。 　＋説明対象を〈電子黒板〉に映して，拡大・焦点化，補足書き込み・マーキングで，分かりやすく説明する。 　＋学習者の考えや解き方が書かれたノートを〈書画カメラ〉（〈デジタルノート〉を〈大型提示装置〉に映す）で提示して，考えや解き方を共有する。 ・学習活動の見とり・評価 　＋学習者の活動状況を〈授業支援ツール〉で確認する。	・個人による学習 　＋〈学習ツール〉や〈電子教科書〉，〈動画〉で知識や技能の習得や定着を図る 　＋学習課題に対する自分の考えや解き方を〈デジタルノート〉に表現する。 　＋学習課題に対応した情報を〈検索ツール〉で収集・蓄積する。 　＋学習課題に対応した情報を〈思考ツール〉で整理して，試行錯誤しながら自分の考えを作り出す。 　＋学習対象に関連する知識や情報を〈思考ツール〉で関連づけて理解する。 ・ペアやグループによる学習 　＋観察対象に対して（簡易な）顕微鏡（〈タブレット端末〉に〈アダプター〉を装着など）で動画や写真を撮影する。 　＋学習対象に関連する他者の考えや解き方を〈思考ツール〉で比較して，深く理解する。 　＋ペアやグループの考えや解き方を〈プレゼン資料作成ソフト〉にまとめて，表現する。
終末	・学習対象の定着 　＋学習対象の写真や動画を見せる。 　＋学習対象に対する児童・生徒のまとめられた〈ノート系ツール〉を用いて児童・生徒と対話する。	・学習対象の定着 　＋学習者の習熟度や学習速度にあったドリル問題や練習問題を〈学習支援ツール〉で繰り返すことで，知識や技能の定着を図る。 ・学習活動の自己評価／他者評価 　＋自分の学習活動を〈デジタルノート〉で振り返る。

図 11-3：授業における教員や児童・生徒の ICT 活用場面のケース

考えや解決策等を言語化する体験の繰り返しとなり、言語活動の充実にもつながるものである。

　図11-3は、教員や児童・生徒が授業の導入・展開・終末のそれぞれの場面でICTを活用するケースを示している。分かる授業のためのICT活用では、特に、「分かる」レベルから「できる」レベルにあげるための活用法を検討し準備していくことがポイントになるだろう。

4-2　小中高の接続性を踏まえた情報教育

　児童・生徒がこれからの複雑で予測が困難なデータ駆動型社会を柔軟に生き抜いていくためには、データや情報、そして情報技術を目的や課題に応じて主体的に使いこなせる能力を育成する必要がある。我が国では、学習指導要領において、情報活用能力を学習の基盤となる資質・能力の1つと位置づけ、図11-4に示すように、小学校から高校までの接続性を踏まえた情報教育のカリキュラムが提供されるようになった。小学校では、特に、算数科において統計教育を重視する方針から「データの活用」領域が新設され、コンピュータの仕組みやプログラミングの考え方を通してコンピュータや人間の良さを学ぶ「プログラミング的思考」の学習が教科横断的に展開される。中学校では、数学科で従来の「資料の活用」が「データの活用」領域に改称され、技術・家庭科の技術分野では、計測・制御のプログラミングによる問題解決や双方向性のあるコンテンツに対するプログラミングによる問題解決などが「D.情報の技術」で実施される。これらの学びを受けて、高等学校の普通教科「情報」では、これまで選択必履修型であった履修の仕方を、「情報Ⅰ」を全ての生徒が学ぶ共通必履修科目とし、その上に発展的選択科目として「情報Ⅱ」を配置する積み上げ型を採用することになった[12]。内容的にも、「情報の科学的な理解」を柱にした構成となり、AIやIoTなどのテクノロジーの理解と活用・探究を意識した教科になっている[12]。

　このようなデータや情報に対して科学的な見方・考え方を働かせたり、情報技術（ICT）を主体的に使いこなせたりする能力を身に付けるためには、様々な教科等の見方・考え方も働かせた主体的、協働的な問題発見・解決プロセスを各教科や「総合的な学習の時間」、「総合的な探究の時間」

のなかで繰り返し経験することが大切になる。文献 [13] の問題発見・解決のプロセスにおいて働く思考・判断・表現の要素のイメージに、ICT 活用を組み合わせたケースを図 11-5 に示す。白水は文献 [14] のなかで、学習者を中心にして、教員が児童・生徒と授業を創りあげていく授業デザインの重要性と、そのデザインのなかで教員の「問い」の質と児童・生徒が ICT を活用しながら主体的、協働的に「じっくり」と考えられる時間を提供することの必要性を述べている。このような授業では、教員は表現の違いも含めて多様な回答が出現する「問い」を考え、各プロセスで児童・生徒が「じっくり」と思考・判断・表現できるための ICT を準備することが、児童・生徒の良い学びとなるための重要な仕事になるだろう。

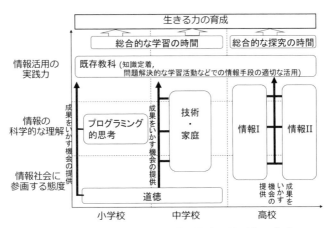

図 11-4：小中高における情報教育の体系的な育成

5　新たな授業環境の創造

　上述してきた人材育成を進める際に、児童・生徒が学ぶ場は教室だけではなく、遠隔にいる専門家から話を聞いたり、遠隔にいる他者と意見交換や議論したりできる「遠隔合同授業」の場も必要となり、その場を支援する授業支援環境が必要となる。また、コンピュータの良さや我々の生活に与える影響を理解してテクノロジーと上手に共存していくために「プログ

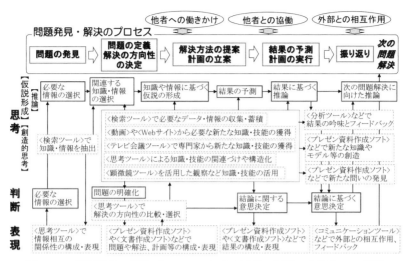

図 11-5：問題発見・解決プロセスにおける思考・判断・表現と ICT 活用

ラミング的思考」の考え方を習得することが望まれる。さらに、問題発見・解決では ICT 活用は重要であるが、ICT を活用意図なく、また振り返ることなく使うだけの状況にすることはマイナスであり、「ICT 活用に関するポートフォリオ」を導入して活用の意識を持つとともにその成長を見える化することが大切である。本節では、これら 3 つのキーワードの授業環境の創造について考える。

5-1　小規模学校間の遠隔合同授業の可能性

　ネットワーク技術などの ICT の発展は、離れた場所同士での授業（遠隔合同授業）や離れた場所での学習（オンライン学習）を可能にさせている。近年、少子高齢化の影響によって、地方では（極）小規模校が増加している。（極）小規模校では、学習や生活指導において教員の目が行き届いた状況になるが、役割の固定化や多様な考えや解き方が表出しづらい状況など問題点もある。

　このような状況を解決する 1 つの方法として、ICT を活用した遠隔合同授業が行われている（図 11-6 参照）。遠隔合同授業環境では、テレビ会議システムを活用した「学級」としてのつながりと協働的問題解決を可能

にする「個」としてのつながりを支援する必要がある。横山らは、「個」のつながりを支援する「つながる授業アプリ」を開発している[15]。このアプリでは、学習者自身のマイノート、他者と協働的に問題解決するためのシェアノート、他者と対話をするためのコミュニケーション機能、さらに思考活動支援の一部が実装されている[15]。遠隔にいる児童・生徒同士が対話をする場合、例えば説明のみの門切り型になりがちであり、具体的な思考活動に応じた対話支援が必要となる。また、遠隔の状況は教員には分かりづらく、児童・生徒のマイノートやシェアノートでの学習活動を見える化できるなどの授業支援機能が必要となる。さらに、今後、遠隔側に教育ロボットを設置して、教育ロボットが学習支援・授業支援を行う環境を開発することが求められている。

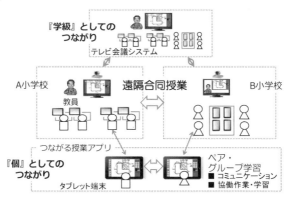

図11-6：遠隔合同授業において2つのつながりを支援する学習支援環境

5-2　プログラミング的思考の育成

　AIやIoTなどテクノロジーが様々な分野で活用され、これから児童・生徒は、将来高度ICT人材にならなくても、仕事や生活における様々な段階や場においてイノベーションを起せる人材になることが期待されている。イノベーションは試行錯誤の連続から生じるものであり、試行錯誤を簡単にできる環境の1つがプログラミングである。発達段階を考慮すれば、小学生からプログラミング教育を実施するには難しい面もあり、プログラミング教育の基礎として、テクノロジーの仕組み（機能・構造・振舞い）

に興味・関心を持てること、プログラミング的思考（自分の意図する一連の活動を実現するために、動きに対応した記号の組み合せ方を試行錯誤しながら論理的に考えていく力）[16] を働かせて日常生活や教科における思考を明示化できることや教科の学習でプログラミングの試行錯誤を体験できることが目指されている。図 11-7 はプログラミング的思考の構造を示している。そこでは、問題となる対象を機能・部品・活動といった要素に分解し、問題に応じて、要素を手順、繰り返し、条件分岐といった組合せや振舞いによって順序だてしたり、要素を構造化（再構成）したりして解決を図っていく。さらに、試行錯誤して誤りが生じている場合には修正し（デバッグ）、問題解決の後には評価を行い、問題解決の良さを考えていく。問題解決を通して、問題と解決方法の本質のみを抽出したり（抽象化）、他の場面でも適用できるように整理したり（一般化）することによって、次回の問題解決を行いやすいようにすることを学習していく。この小学校段階の学習が、中学校の主に「技術・家庭科」や高校の主に「情報科」に接続されて、プログラミング教育が展開されていく。

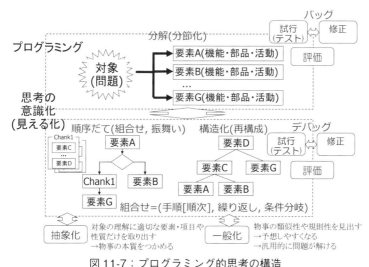

図 11-7：プログラミング的思考の構造

5-3 ICT 活用に関するポートフォリオ

　ICT を真に使える道具にするためには、ICT が学びと結びついて活用されることが必要であり、特に、探究活動を対象とする学習では、テクノロジーで探究を深化させる教育方法のモデル開発が必要となる[17]。このモデルとして、加藤らは、テクノロジーの活用志向を横軸に、学びの深まりを縦軸に配置したマトリックス状のマップである「豊かな学びマップ」の活用を提案している[17]。この「豊かな学びマップ」では、学習者は具体的な個々の学習活動を評価してマップ上に配置して可視化することを続けて、それまでの学習プロセス全体を描いて振り返りの評価活動や次の学びの方向を考えるための資料としてマップを活用することになる。「豊かな学びマップ」は、ICT 活用に関するポートフォリオとして作用し、自

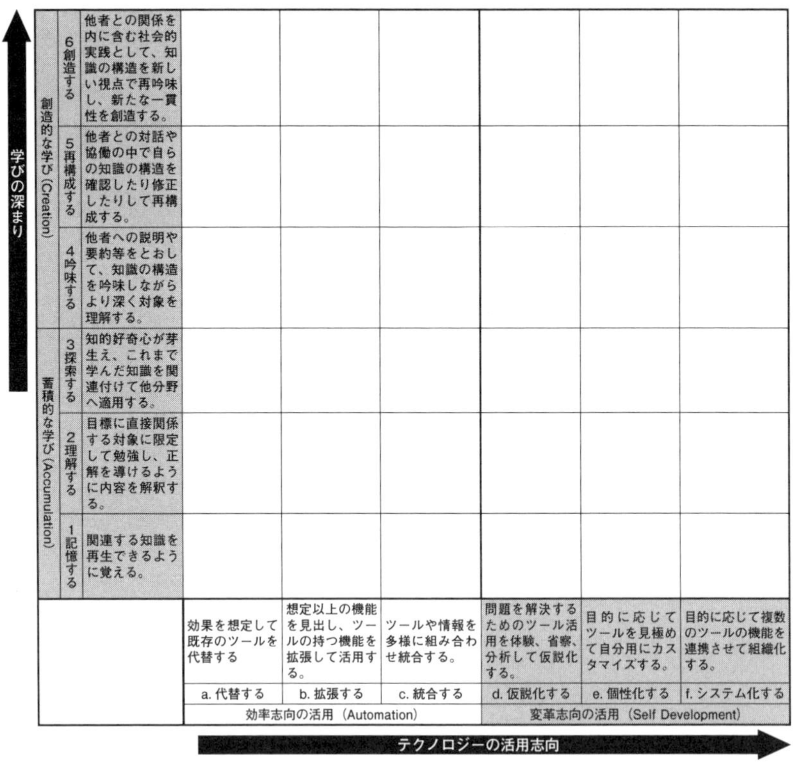

図 11-8：「豊かな学びマップ」の構造

らの ICT 活用を学びの種類と活用の順番を含めて意識化できるところに
有用性があると考えられる。

6　おわりに

　社会の変化が激しい時代では、学び続けることが必須であり、データ・
情報・知識を収集し、理解・定着させたり、処理・分析したり、判断した
り、表現・報告するための道具を上手に使いこなす ICT 活用力や情報活
用能力を学校教育段階で獲得することが不可欠である。これらの資質・力
量を有して、アジアや世界の人々とも協働的問題解決できる人材育成が必
要となるだろう。

（鷹岡 亮）

注

1) 内閣府：Society5.0, https://www8.cao.go.jp/cstp/society5_0/index.html, 2019.09.30
   access.
2) 勝野 頼彦：社会の変化に対応する資質や能力を育成する教育課程編成の基本原理、
   国立教育制作研究所 , 2013.
3) 石戸奈々子：プログラミング教育 , http://canvas.ws/nanako/?cat=9, 2019.09.30
   access.
4) 株式会社富士通総研：教育分野における先進的な ICT 利活用方策に関する調査研
   究報告書（平成 27 年 3 月）, http://www.soumu.go.jp/main_content/000360824.pdf,
   2019.09.30 access.
5) 首相官邸：初等中等教育における情報教育等の推進（文部科学省・経済産業省・総
   務省）, 未来投資会議構造改革徹底推進会合「企業関連制度・産業構造改革・イノベー
   ション」会合（雇用・人材）（第 6 回）配布資料, https://www.kantei.go.jp/jp/
   singi/keizaisaisei/miraitoshikaigi/suishinkaigo2018/koyou/dai6/index.html,
   2019.09.30 access.
6) 株式会社富士通総研：教育分野における海外のクラウド・プラットフォームおよび
   学習記録データの利活用等の動向に関する調査研究報告書（平成 28 年 3 月）,
   http://www.soumu.go.jp/main_content/000430502.pdf, 2019.09.30 access.
7) 小林宏美：2000 年以降のアメリカ合衆国の教育改革 - オバマ政権の NCLB 法改革
   案に着目して -, 文京学院大学人間学部研究紀要, vol.14, pp.203-213, 2013.
8) YouCode Magazine：イギリスのプログラミング教育状況 , https://youcode.jp/
   magazine/ イギリスのプログラミング教育状況 /, 2019.09.30 access.
9) 趙章恩, ICT でイノベーションを育む　IoT 時代に向けた韓国のスマート教育 ,
   https://www.huawei.com/jp/about-huawei/publications/huawave/22/ HW22_

Better, 2019.09.30 access.

10) 文部科学省：学習指導要領「生きる力」平成 29・30 年改訂 学習指導要領、解説等, http://www.mext.go.jp/a_menu/shotou/new-cs/1384661.htm, 2019.09.30 access.

11) 奈須正裕：「資質・能力」と学びのメカニズム, 東洋館出版社, 2017.

12) 鹿野利春：新学習指導要領における共通教科情報科, 学校と ICT（2018 年 11 月）, https://www.sky-school-ict.net/shidoyoryo/181109/, 2019.09.30 access.

13) 文部科学省：初等中等教育分科会（第 100 回）配付資料 4, pp.216, http://www.mext.go.jp/b_menu/shingi/chukyo/chukyo3/siryo/__icsFiles/afieldfile/2015/11/17/1364305_004_1.pdf, 2019.09.30 access.

14) 白水始：「問い」を見直し,「前向き」授業をつくる, 学校と ICT（2016 年 7 月）, https://www.sky-school-ict.net/shidoyoryo/161007/, 2019.09.30 access.

15) 横山誠, 鷹岡亮, 大塚祐亮：遠隔合同授業支援環境における比較思考活動支援機能について、教育システム情報学会第 44 回全国大会、pp.205-206, 2019.

16) 文部科学省：教育の情報化の推進 プログラミング教育, http://www.mext.go.jp/a_menu/shotou/zyouhou/detail/1375607.htm, 2019.09.30 access.

17) 加藤直樹, 鷹岡亮, 上市善章, 村松祐子, 芳賀敬輔, 山崎宣次, 及川浩和：「豊かな学びマップ」を活用した学習活動デザイン, 日本教育情報学会第 35 回全国大会講演集, pp.105-108, 2019.

第六章
越境する "授業研究─Lesson Study" の行方

1 「青い鳥」としての授業研究

　教育のグローバル化が叫ばれるようになって久しく、近年の教育改革は国境を越えた動きとして見なければ、その実態は捉え難くなりつつある。とりわけ、OECDによるPISA調査を契機としてその傾向は顕著である。このようなグローバルな教育改革の動きは必然的に各国で歴史的に構築されてきた教育制度や教育実践、そしてそれを支える教育文化の姿を変容させていくこととなる。日本と同様に、いわゆる「PISAショック」を経験したドイツを例に挙げてみれば、2001年に策定された「7つの行動領域」を皮切りに、KMK（各州文部大臣会議）による教育スタンダードの策定、IQB（教育の質開発研究所）の設置、VERA（全国学習状況調査）の開始、「学力の低い生徒のための促進戦略」の取り決めなど、矢継ぎ早に教育改革が展開されていった。インプット志向からアウトプット志向への転換、コンピテンシー志向のカリキュラム・授業づくりの要求、とりわけ学力面における教育の質保障の要請が進む中でドイツの伝統的な教育システム（例えば、複線型学校制度や文化高権など）や教育文化が破壊されることを批判的に捉える議論も少なくない。こうした問題は日本にも当てはまる。全国学力・学習状況調査の開始によって教育の効果を明示化しようとする志向は強まり、新しい学習指導要領では、他国同様インプット志向からアウトプット志向への転換やコンテンツ・ベースからコンピテンシー・ベースへの転換が目指されているからである。

　このようなPISA以降の動きを世界的な教育の標準化とローカルな文化の破壊として見ることもできる一方で、他国の教育を意識することで改めて自国における教育文化の見直しや再発見につながることもある。日本の

場合、グローバル化する教育の中で光が当てられたもののうちの一つが「授業研究」であった。例えば、2008年4月4日の朝日新聞においては、「日本流教育、実は世界が注目」と題された記事の中で次のように記載されている。

　　国際的な学力調査の結果が公表されるたびに、「日本はやはりダメだ。海外に学べ」という声が大きくなる。ところが、「日本の教育は素晴らしい」と考え、積極的に取り入れようとする国々が実はけっこうあるのだ。……（中略—註：引用者）「レッスン・スタディー」という教育用語がある。「授業研究」の翻訳だ。①教材を吟味して学習指導案をつくり②授業を公開し③ほかの教師たちと意見を交換する——というサイクルで教師が高め合う研修形態は日本ならではだ。

　2003年および2006年のPISAで結果が振るわなかったことから日本の教育の問題点が指摘されがちであった時期にもかかわらず、むしろ日本の教育の内側にこそ「授業研究」という継承すべき教育遺産があることが報じられたのである。2005年5月27日の中国新聞における「核心評論」でも同様の趣旨の記事が記載されているが、その中で紹介された千々布敏弥（国立教育政策研究所）による「青い鳥は家にいた」という表現は象徴的である。さらに日本の授業研究への注目は一過性のものにとどまらず、今日、国境を越えてさらなる展開を続けている。
　言うまでもなく、他国からの注目を集めるまで日本において授業研究が軽視されてきたわけでも、発見されてこなかったわけでもない。1975年に編纂された『授業研究大辞典』の「まえがき」において、「授業研究なくして授業実践はありえない」と断定されているように、日本の教育実践（研究）の歴史は授業研究とは切り離しえない関係にある。例えば、日本教育方法学会では、1990年代において第30回大会から7回大会連続で課題研究として授業研究をテーマに取り上げていることからも見て取ることができる（表1）。しかし他方で、2000年以前までの授業研究をめぐる議論においては、自国の授業研究の歴史や現状を振り返ることが主眼にあり、他国への「輸出」をどう考えるか、あるいは他国の授業研究との差異はどの点にあるかといった問題は十分に議論されてこなかった。その意味で、

表 1：日本教育方法学会大会で実施された
"授業研究"を冠する課題研究・シンポジウム

開催年	シンポジウム・課題研究の名称
2014 年　50 回大会	大会校企画「世界の授業研究」 国際シンポジウム「教育方法学をデザインし直す 　　——Lesson Study in Japan をめぐって——」
2013 年　49 回大会	シンポジウム「授業研究による教師の力量形成」
2010 年　46 回大会	シンポジウム「日本の授業研究の特質と課題」
2007 年　43 回大会	課題研究「世界における日本の授業研究の異議 と課題——校内研修としての授業研究を中心に して——」
2005 年　41 回大会	課題研究「世界における授業研究の新しい挑戦 と展望」
2004 年　40 回大会	課題研究「教師の力量形成と教育方法学研究 ——教師研究と授業研究の接点を求めて——」
2001 年　37 回大会	課題研究「授業研究方法論の検討 ——岡山市内小学校での実際の授業づくりを基 にして——」
2000 年　36 回大会	課題研究「授業研究の方法論を問い直す」
1999 年　35 回大会	課題研究「戦後授業研究の成果と課題」
1998 年　34 回大会	課題研究「戦後授業研究の成果と課題 ——あらためて授業研究を問う——」
1997 年　33 回大会	課題研究「戦後授業研究の成果と課題——80 年代を中心に——」
1996 年　32 回大会	課題研究「戦後授業研究の成果と課題」
1995 年　31 回大会	課題研究「戦後授業研究の成果と課題」
1994 年　30 回大会	小シンポジウム「いま求められる授業研究のあ り方——戦後授業研究の成果と課題——」
1991 年　27 回大会	課題研究「授業研究方法論の到達点と今後の課題」
1981 年　17 回大会	特別企画「授業研究コロキウム」
1977 年　13 回大会	課題研究「授業研究の当面する課題」
1975 年　11 回大会	課題研究「授業研究における教育工学的アプ ローチの可能性と限界」
1971 年　7 回大会	課題研究「授業研究の方法論」
1965 年　1 回大会	課題研究「授業研究の方法と課題」

2000年代以降の授業研究をめぐる議論は、グローバル化を視野に入れながら新しいステージに入ったものとして見ることもできる。

　このような背景のもと、本章では次の三点について論じる。第一に、日本の授業研究への関心の高まりを受けて、その国際輸出がとりわけアジア諸国においてどのように展開されてきたか、第二に、その中でいかなる葛藤や課題が生じていたか、第三に、海外における授業研究の展開は日本の授業研究に対してどのような課題を突き返してくるか、ということである。

2　アジアにおける"授業研究─Lesson Study"の展開

2-1　「日本の授業研究」への国際的関心の高まり

　この十数年来、国際的な注目を集めてきた授業研究とは果たして何を意味するのであろうか。実のところ授業研究を定義することは決してたやすくない。授業研究は、授業の改善のみならず、学校づくりや教師教育など幅広い関心が交差する中で成立しており、そのねらいや実態は極めて多様な姿を示すものだからである。ここでは、授業研究の事象的な側面をとらえたものとして豊田の次の定義を押さえておきたい。すなわち、「授業の改善に向けて、日々教師が学校現場で実践している授業実践を分析・研究の対象とし、最低限校内の同僚の教師たち──多くの場合、外部の教師や教育委員会関係者も含めて──が授業を互いに見合い、分析しあい、たとえば板書の仕方、発問の仕方、指名の仕方といった片々の指導方法からはじまって、当の授業の教育内容や教材の吟味、さらには、そのときめざされた教育目標の検討までをも射程範囲に入れて、共同で授業のカンファレンスを行うこの過程全体を授業研究ととらえる」（豊田2009、11頁）ということである。海外で用いられているLesson Studyと日本における授業研究との間には意味内容のズレが生じていることは度々指摘されているが、近年注目を集めてきた授業研究─Lesson Studyが意味するところとして、授業という事象の分析的研究ではなく、授業の共同観察と討議を通じた授業改善や教師の成長が想定されている点は共通している。

　「日本の授業研究」への注目の契機をどこに見出すかについては議論の余地が残るにせよ、その最も重要な推進力となったのはスティグラー

(Stigler, J.) とヒーバート (Hiebert, J.) による "Teaching Gap"（1999 年：邦題『日本の算数・数学教育に学べ―米国が注目する jugyou kenkyuu』2002 年）の刊行である[1]。同書は、1995 年の TIMSS（国際数学・理科教育動向調査）の結果を受けて、日米独の数学授業のビデオ記録をもとに、社会文化的背景もふまえて各国の授業実践のあり方を報告したものであり、その中で TIMSS における日本の優れた成果には授業研究（Lesson Study）が大きく寄与していることが指摘されている。スティグラーらの報告は、1990 年代以降の北米における授業研究への注目を引き起こし、実践的にも幅広い拡大を見せた。この動きは北米にとどまらず、次第に中国、タイ、マレーシア、オーストラリア、イラン、スウェーデン、イギリスなど国境を越えて漸進的に拡大し、2006 年にはこれらの国々のネットワークとして WALS（World Association of Lesson Studies：世界授業研究学会）が結成された。

　授業研究の国際的拡大は、ただ自然発生的に進んだわけではなく、この間、日本からも様々な形で普及が進められた。学術レベルで言えば、これまで日本における授業研究を精力的に進めてきた日本教育方法学会は、「世界のレッスン・スタディの研究者とともに、子どもたちの未来、人間社会の未来を語りながら、よりよい教育実践の方法をともに研究していくことを願って日本の授業研究の歴史と現在の状況、方法と形態、教師教育におけるその位置を世界のレッスン・スタディの研究者に紹介する」（中野 2009、ii 頁）べくして、『日本の授業研究（上・下巻）』（2009 年）とその英文版である "Lesson Study in Japan"（2013 年）を刊行した[2]。さらには「紹介」にとどまらず、同書の執筆に携わった著者をはじめ数多くの研究者が WALS への参加や他国での授業研究の導入や推進に実際に携わりながら、授業研究の国際的展開を進めてきている。

　さらに学会や研究者の動きとは異なる展開も見いだされる。一つには、JICA（独立行政法人国際協力機構）による授業研究支援である。JICA は、2000 年前後から、インドネシア、モンゴル、ザンビアなどの国々で、授業研究の研究チームの組織や指導者研修などを通して日本の授業研究の導入を支援してきている（柴田 2017、24 頁）。また JICA の動きとも連動しながら、大学単位で国際協力のプロジェクトを展開していることもある。

代表的なものとしては、筑波大学による APEC の数学教育のプロジェクト、広島大学によるアジア地域を中心とした教育開発支援、東京学芸大学における「国際算数数学授業研究プロジェクト」などが挙げられる（柴田2017、27頁）。こうした動きで注目したいのは、当初の米国からの注目を契機としながらも、その後の展開において授業研究はアフリカやアジアへの教育支援などの形を取りながら進められてきたことである。特にWALS が設立された際、事務局が香港教育学院に置かれ、香港、シンガポール、インドネシア、タイ、日本、中国といった国々で国際カンファレンスが開かれてきたことが示すように、今日の世界的な授業研究運動においてアジアは大きな役割を果たしている。

2-2 アジアにおける授業研究の組織的推進──インドネシアを中心に──

それでは具体的にはアジアにおいて授業研究（レッスン・スタディ）はどのような展開を遂げてきたのであろうか。一口に「アジアにおける授業研究」と言ってみても、学校の制度や文化は各国によって大きく異なっており、一概に扱うことは難しい。そのため本項では特にインドネシアにおける授業研究の導入過程に焦点を当てて論じていく[3]。

1994 年に義務教育を中学校まで延長することが政策目標とされ、とりわけ中等教育を中心としながら基礎教育の拡充や教員の質の向上を大きな課題としていたインドネシアにおいて、授業研究の推進を進めてきたのはJICA であった。2000 年前後から展開されてきた JICA の教育支援の展開を概観しながら、インドネシアにおける授業研究の組織的な導入過程を見ていこう。

まずプロジェクトの皮切りとして開始されたのが、インドネシア初中等理数科教育拡充計画（IMSTEP: 1998-2003）である。IMSTEP では、イン

図1：インドネシアにおける JICA による授業研究支援（JICA2018、410）

ドネシアの優先的な教育課題であった理数科教育の発展を支援するために、現地の教育大学をカウンターパートナーとしながら、理数科分野の新規教員養成や現職教師教育の強化・拡充が取り組まれた。授業研究の導入にとって重要な契機となったのは、IMSTEP のフォローアッププロジェクトである（2003-2005）。フォローアッププロジェクトは、「大学と学校のパートナーシップ・プログラムで、大学と学校のつながりを緊密にすることを目的」（Hendayana2018, 89 頁）としており、対象大学周辺のパイロット校（中学校・高等学校）で大学教員がモデル授業を実施し、授業研究を通じた教授法改善のための指導を行った。このような取り組みは大学と学校のパートナーシップのもとでの授業研究という体制をつくり出していく一方で、「当時は大学の講師はいまだ活動を支配し、教師を批判する傾向があった」（Suratno et al. 2019, p. 77）という課題も抱えていたとされる。

　授業研究の導入期の中で教員及び教育の質改善への意識が高まる中、IMSTEP の後任プロジェクトとして引き続き授業研究を推進したのが前期中等理数科教員研修教科プロジェクト（SISTTEMS: 2006-2008）と前期中等教育の質の向上プロジェクト（Pelita: 2008-2013）である。前者は、西ジャワ州スメダン県、ジョグジャカルタ州バントゥル県、東ジャワ州パスルアン県の 3 県の普通中学校およびイスラム中学校の理数科教員に対して授業研究を導入した研修である。Hendayana によれば、「SISTTEMS を通じた授業研究は、実際の教室における授業の問題を解決するために学校で行われた教員研修であり、今までこのような取り組みはなかった」（Hendayana2018, 90 頁）とされる。さらに、SISTTEMS の後継であり、JICA によるインドネシアへの教育支援の集大成となった Pelita では、住民参加型学校運営のコンポーネントも加え、いっそうの授業研究の推進が図られていった。

　このように概観してみれば、インドネシアにおける授業研究の導入と発展はおよそ 15 年間の組織的な支援に支えられていたことが見て取れよう。JICA によるファイナル・レポートでは、これらの組織的支援の成果は次のように描かれている（JICA2018, 408 頁）。

　　授業研究の導入については、戦後日本が科学技術・理科教育を充実させ

る施策を実施することで科学技術の発展や人材育成に結びつけ、比較的短い期間で経済発展を達成した経験に基づき、同手法を通じた理数科分野の教育の質改善をめざした。これにより、科学的思考力を備えた人材の育成、次代を担う理系人材の裾野拡大、基礎学力の向上を図り、高等教育分野でさらに理工系人材強化支援を行うことで、一体的にインドネシアの産業発展に貢献する人材の育成に取り組んできたといえる。Pelita 終了後、その手法はプロジェクトの対象州であった西ジャワ州の 27 県／市中 17 県／市、東ジャワ州の 38 県／市すべて、ジョグジャカルタ特別州の 5 県／市中 3 県／市で中学校教員の継続的な能力強化手法として導入されたほか、スマトラ島のジャンビ州においても 180 の中学校 5,453 人の教員に授業研究が普及された。さらに、教員養成大学 67 校（私立を含む）に授業研究が普及され、全国的な広がりを見せている。

　当初、中等教育段階での理数科を中心として展開されていた授業研究はいまや小学校から高等学校、職業学校へとその舞台を拡大し、理数科以外の科目にまで広がりを見せている。さらには量的な拡大だけにとどまらず、授業研究を通して「教員たちは各生徒の様子に注意を払う習慣がつき、それによって自らの授業をどのように改善すれば生徒の理解につながるかを積極的に考え、分析し、実践するようになっていった」り、「教員同士のネットワークができたこと、教員のチームワークが良くなり、ほかの教員を尊重したり、ケアしたりする力が身に着いたこと」など、授業研究がもたらした質的な変化が肯定的に報告され、「今や授業研究はインドネシアではみなが知るものとなっている」（JICA2018, 412 頁）とされる。

　とはいえ、このような成果報告は全般的な成果を大づかみにさせてくれる一方で、授業研究の国外輸出と啓蒙的普及という単純なストーリーともなりがちであることには注意が必要であろう[4]。むしろここでさらに注目したいのは、授業研究の「輸出」に伴って生じる課題や葛藤である。授業研究は日本の学校文化を強く反映したものであり、「ローカルな文化に根差した日本型の授業研究は、どの国でも適用可能なグローバルな解決策となる可能性があるものとして世界的に注目されているが、その授業研究の移転（transfer）に当たっては、その〈方法〉を手順として移転するだけでは不十分であり、それぞれの国の文化や生活習慣に根ざしたその国独自

の研究として深めていくことが必要とされる」（アラニ 2014、109 頁）。イ
ンドネシアに向けて日本の授業研究の越境が試みられた時、どのような既
存の枠組みの動揺と破壊が引き起こされたのか、その根底にあった文化的
な壁とは何なのかという点の検討が重要となろう。

2-3　インドネシアの学校における授業研究をめぐる葛藤

　以下では、インドネシアにおける授業研究の導入に携わった河野
（2016）や田中（2011）の論稿を素材としながら、授業研究の「輸出」に際
して生じてくる諸課題について検討してみたい。

　授業研究の浸透を進めていく上でまずもって問題となるのは、授業を公
開し、観察する上で生じる抵抗感である。世界各国のフィールドワークを
行ったイギリスの教育研究者クレハン（Crehan, L.）が日本の授業研究に
ついて言及した次の一節は他国から日本の授業研究の様子を見た時の印象
をよくあらわしている（クレハン 2017、114 頁）。

　　　教室のうしろの方に、一〇人ほどの教師たちが居並んでいて、一台のビ
　　デオカメラが回っていた。もし私がこんなにたくさんの教師たちに見られ
　　ていたら、緊張して冷や汗をかいてしまうことだろう。というのも、イギ
　　リスでは普通、視察は教師の能力を評価するために行われ、最後に一～四
　　の等級がつけられるものだからだ。（中略─註：引用者）のちに知ったこと
　　だが、日本ではイギリスとはまったく違うタイプの視察が行われていた。
　　ここで彼らが注視しているのは、子どもたちが授業にどのような反応を示
　　すかということであり、その視察結果は、効果的な授業計画の作成に反映
　　することができる。しかも授業研究は、私が思っていたより、ずっと恐ろ
　　しくはないものだった。

　日本においても授業研究に伴う「冷や汗」は無縁のものではないが、入
職から授業の公開と共同検討を職務の一環として自明に捉える日本の教師
に対し、多くの国の教師はそうではない。だからこそ、インドネシアにお
ける授業研究の導入期にも「（パイロット教師─註：引用者）以外の教科教
師の大部分は、非常に多くの人々によって観察されなければならないとき
に不安を感じていた。パイロット教師が説得しようとしても、彼らはそれ

がよりよい変化をもたらしうるということには懐疑的であった」(Suratno et al., p. 79) といった事態が生じていたとされる。また授業を公開するにしても、とりわけ優秀な教員や年配の教員は授業公開を「舞台」(河野2016、76頁) や「ショー」(田中2011、349頁) のように捉えるという問題もあわせて指摘される。つまり、入念な準備をした授業や新しいタイプの実践の試行が、場合によっては指導主事の学校訪問や授業研究の機会に限定された一回性のものとなっているということである。田中のフィールドワークでは、こうした授業研究のイベント化の極致として（かつて日本でも見られたような）予行演習済みの「よい授業」の公開に直面した事例が紹介されている。

　さらに、授業参観後の検討会についても課題は数多く存在する。まず導入当初に問題となるのは、他者の授業を観察する際の授業の見方や視点の問題である。その際興味深いのは、田中および河野両者のフィールドワークの中で、授業観察シートやコメントシートが授業研究導入期に用いられながらも十分に機能しなかったことが指摘されている点である。そこには、Yes/Noでこたえるような観察・コメントシートですら難しいとする教師の声や、コメントシートに縛られるがゆえに検討会でのコメントが「（観察シートの）1についてですが、これはよくできていました。2についてはあまりよくなかったようです」(田中2011、362頁) といった形のものになっていくことが報告されている。確かに観察シートや授業評価表は、視点を限定することで、授業全体をバランスよく見たり、学校の研究課題との結びつきを明確にすることを可能とする面もある。しかし他方では、「評価点の低い項目が『問題点』にすり替えられ、(中略—註：引用者) 授業改善に至る多様な方法や多元的な視点があることに気付きにくくなる」(深澤2010b、104頁) という課題も抱えている。むしろ河野のフィールドワークで得られた、「『授業研究』の営みを通して、大きく捉えられていた学校運営の課題が、いじめや学習者の無気力、学習態度やこどもたちの家庭・生活的課題へと目が向き始め、その表象と課題解決の対象として『学級経営』という観点へと移行していた」(河野2016、76頁) という見取りは重要であろう。日本の授業研究においても確認されてきたように、授業研究の対象は一時間の授業実践そのものに閉じられない。一つの授業実践

からは、授業の成立の基盤にある学級や学校のあり方が問い直されたり、当初の研究課題を超えて、そこに存在する子どもの困難や課題へとつながっていくからである。このように考えると、授業観察シートやコメントシートがあっても難しいのか、そういった視点が限定されるからこそ難しいのかという問題には慎重な検討が必要となる。

　仮に授業の公開や参観の回数が増え、検討会における発言の数が増えていっても授業のリフレクションの深まりが生じるとは限らない。「上からの近代化」の形で普及されてきた授業研究に対して、個々の教師が明確な目的意識をもつことは決してたやすくない。田中の事例によれば、授業に対するコメントは「目に見える実践」に焦点化され、生徒の単なる行動報告にとどまっていたとされる。そこでは、「生徒が活発であった／なかった」といった点に声が集中し、「生徒の学びの状況が教材内容や教授方法までにつながっていかない」（田中 2011、345 頁）状況があらわれるのである。河野のケースにしても、事後検討会がどうすれば盛り上がるのかについて検討を進める教師たちに対し、河野が発した「当時の『授業研究』の実施目的や課題は何だったのか」という問いが、授業研究それ自体が目的化していたことを気づかせたことが報告されている。

　最後に、大きな課題として授業研究の継続性の難しさにも触れておく必要があろう。JICA のファイナル・レポートにおいては、インドネシアにおいて授業研究文化が根付き、プロジェクト終了以降も各学校で実践されていることが成果として報告されているが、実態としてはもう少し難しい状況があるのではないか。例えば、河野は「JICA の支援がなくなれば『授業研究』を辞めるという学校も少なからずあり、毎週一回の『授業研究』を開催し、疲弊していた学校の教師からの不満が早期に形骸化をもたらしていた」（河野 2016、77 頁）と指摘しているし、Suratno らも「2013 年、協力プロジェクトは正式に終了した。やがて様々な形態の授業研究の実施は徐々にそして同時に衰退していった。2 年後、特定の学校内の小グループの教師らで自発的に実践していた教師はわずか数名であった」（Suratno2019, p. 84）と報告している。勿論、これらの指摘をもって JICA の取り組みが無益だったと言いたいわけではない。「上からの近代化」という形をとっていたとしても、授業研究への社会的認知を広げ、そこに熱

意をもって取り組む教師を生み出したことは大きな成果であろう。しかし、ここまでの記述から見えてくるのは、授業を公開・協同検討することで自らの専門性を高めたり、技術的な側面だけでなく、子どもの学びの姿から授業のあり方を問おうとするなど、日本の授業研究がいかに複雑な文化性に支えられたものであったかということである。そしてそれはすなわち形式的な「輸出」ないし「移転」がたやすく達成しえないことをも意味している。そしてこの問題は同時に、日本の授業研究を国外輸出してきた日本の研究者にも突き返されるものとなる。最後に、インドネシアにおける授業研究が抱えた課題をふまえながら、日本の授業研究の今日的課題について考察してみたい。

3　国際化する「日本の授業研究」の歴史的多層性と今日的課題

3-1　「日本の授業研究」の多層性

　日本の授業研究の海外での受容のあり方についてはすでに数多くの批判的な検討がなされてきている。さらには河野のフィールドワークでは、海外の学校を訪問した日本の研究者によるプレゼンテーションにおいてすでに「『授業研究』の過剰な万能性の強調」（河野 2016、77 頁）が含まれていたことが違和感とともに報告されるなど、本来日本の授業研究に内在していた文化性や多様性をそぎ落とした形で方法論的に導入される「授業研究」が、受入側の学校に混乱や疲弊をもたらしていったのではないかと考察されている。

　佐藤学は、"Teacing Gap" を契機とした授業研究の国際的拡大に対して次のような留保を要請する。「この本（"Teaching Gap" —註：引用者）に紹介されている日本の授業研究の様式は、広島県の教育行政において定型化された校内研修をモデルにする形式主義のバイアスを含んでいる。しかも、この本を契機とする『レッスンスタディ』の諸外国への普及は、『レッスンスタディをどう実施するか』という形式主義への誘惑によって推進されてきたという、もう一つのバイアスが働いて、その形式主義は強化されている。『日本の授業研究』と一言で概括されて議論されるが、その実態は複雑であり多様であることを認識する必要がある」（佐藤 2008、

43頁）。わが国の教育研究においてもくり返されてきたことではあるが、他国からの教育方法の「輸入」や「流行」においては、その単純化、美化、神話化の危険性が常につきまとう。だからこそ、「諸外国において『レッスンスタディ』を広め充実させていくためにも、あるいは、それら諸外国の『レッスンスタディ』と日本の授業研究との実りある交流を実現させるためにも、日本の授業研究の多源性と重層性を歴史的に認識しておく必要がある」（佐藤 2008、43頁）とする佐藤の指摘は重要である。

　日本の授業研究の多源性を整理しようした試みは数多くあるが（三橋2003、日本教育方法学会 2009、石井 2019 など）、ここでは戦後授業研究運動の原点ともいうべき五大学に焦点を当てた分類を取り上げてみよう。佐藤、松田、松尾（2016）はドイツにおける「教授学モデル」[5]を下敷きにしながら、1962年から1985年にかけて展開された「五大学共同授業研究」におけるそれぞれの大学と共同研究校の授業づくりの特色を「日本版教授学モデル」として描き出している（佐藤、松田、松尾 2016）。すなわち、①子どもの科学的認識形成過程に着目しながら、具体的な教科単元の指導プランの作成と検証を重ねる北海道大学（常呂小学校）、②教科内容の現代化のもとで「展開のある授業」といったよい授業を創り出す技術を解明しようとする東京大学（教授学研究の会）、③個々の子どもの「思考体制」にこだわりながら客観的な事実に基づいた授業分析を進めた名古屋大学（堀川小学校、安東小学校）、④被差別部落を含んだ学校と共同しながら文学教材（『はぐるま』）を用いた授業研究に取り組んだ神戸大学（菅野小学校）、⑤授業における集団過程に注目しながら授業研究を行った広島大学（賀茂川中学校、森小学校）といった分類である。こうした授業研究の多源性は歴史的な話にとどまらず、授業における「認識過程」への視点、「ゆさぶり」に代表されるような「教授行為」への視点、子ども一人ひとりの「個」への視点、授業で取り扱う「教材」への視点、授業を支える「学級集団」への視点と読み替えれば、まさに今日の授業研究にも通底する視点でもあるだろう。ドイツの主要な教授学モデルの一つである批判的─コミュニケーション的教授学の主唱者ヴィンケル（Winkel, R.）は、授業実践を捉えるための様々なモデルが存在することの意味について次のように指摘する。すなわち、「授業は（隠れたカリキュラムのレベルから解放の問題を経て評価

や授業妨害の問題に至るまで）多層的で複雑で矛盾を孕み、限定不可能である。様々な理論との根本的な対話以外に、教師たちは現実の授業の複雑な分析に、あるいは授業の多次元的な計画にどのように習熟し、適切な問題意識を築くことができるのだろうか」（Winkel1992, S. 181）ということである。時には相互の論争を伴いながら多源的に発展してきた授業研究運動は、複雑な授業現実を切り取るための多様な視点を準備するものであったということもできよう。

　しかしことの問題は日本の授業研究の歴史的多層性について「輸出」の中でどれほど自覚的であったかということである。河野は、フィールドワーク先の学校において多くの日本人研究者が「授業分析」「ワークショップ型授業研究」「学びの共同体」「数学教育の教材研究を重視した授業研究」など、それぞれの観点から「新しい方法」を持ち込んだことによって引き起こされた混乱を目の当たりにし、「持ち組む側には、無自覚のように思えた」（河野 2016、78頁）と問題を提起している。先ほどの日本版教授学モデルにしても、それらは単なる授業研究の方法的多様性を超えて、目指すべき「良い授業」といった規範的な授業観の多様性でもある。授業研究の「輸出」においては方法面・形式面に光が当たりがちな状況に対して、改めて日本の授業研究の歴史的重層性を解きほぐす必要があるだろう。

3-2 「教えることの再発見」に向けた授業研究

　インドネシアにおける授業研究の導入過程でもそうであったが、日本の授業研究は学校内研修というだけでなく、大学（研究者）との共同研究という形をとって発展してきた。外国の教育思想を輸入する形で教育理念や教育目的論に重きを置いていた戦前の教授学に対して、五大学共同研究を起点として展開されてきた戦後の授業研究の展開は「科学」の名のもとに教育実践の事実や実証に重きを置き、教育現実に根ざした授業の理論の形成を目指してきたのである。しかし、授業の科学化を志向してきた授業研究が「神話」に過ぎないものだったのではないかと批判をつきつけたのが佐藤学であった（佐藤1992）。すなわち、授業の過程を合法則的な過程と捉え、心理学的な知見を用いてその科学的法則性を解明しようとする「授

業の科学」や「教授学」では、複雑な文脈で展開される授業という文化的・社会的実践を語りつくすことはできず、そのような授業研究こそが教育実践や校内研修の形式化を進めることになったのではないかという批判である。そこから佐藤は、教師の「教え」の方法や技術をめぐる批評会としての授業研究ではなく、子どもたちの学びを中心に据え、当事者によるリフレクションを軸とした授業研究への転換を次のように要求する（佐藤2018、213-214頁）。

　　　通常の授業研究において対象となり焦点となるのは、教材研究であり、発問研究であり、指導案づくりとその検証である。実際、私が調査した通常の授業協議会の発言記録によると、発言の8割が教師の教え方に関するものであり、生徒の学びに関する発言は2割であった。しかし、学びの共同体の改革における授業研究では、事前に「学びのデザイン」について授業者が他の教師の意見を参考にして研究してはいるが、事後の授業協議会は「学びのリフレクション」にあてられており、どこで学びが成立し、どこで学びがつまずき、どこに学びの可能性が潜んでいたかを教室の事実にもとづいて協議している。「教え方」ではなく「学びの事実」について研究しているのである。
　　　「教え方」を議論しても正しい教え方は100通り存在し、教師間の競争や対立が深まるだけだろう。むしろ「学びの事実」から出発し、その省察を多面的に深めることによって、教師はより豊かに学び合い、多様な教え方の可能性に開眼し、教師同士の学びにおける連帯を形成することができる。

「授業の改善」を超えて、一人ひとりの教師の省察に基づく成長を目指す「学びの共同体」の授業研究は、授業研究のパラダイム転換を引き起こしたとして評価されている。「学びの共同体」はすでに日本のみならず、（インドネシアも含んで）アジア地域最大の学校改革運動となっているが、アジアにおける授業研究の「輸出」を考える時、佐藤による「授業研究栄えて授業滅ぶ」「授業研究栄えて教師滅ぶ」という問題提起は十分に認識されなければならない。授業研究や校内研修に熱心に取り組めば、自然に授業の改善や教師の成長が果たされるわけではない。むしろ現実的には「授業研究に取り組めば取り組むほど、授業が保守化し硬直化している現

実、校内研修に取り組めば取り組むほど、教師の仲が悪くなり同僚性が崩壊する現実、校内研修に取り組めば取り組むほど、教師が疲弊する現実」（佐藤2018、217頁）が他方では存在しているからである。元来、授業を他者に公開する機会を持たなかったり、他の授業を参観し、それに対するコメントを出す文化と経験を持たない国々で授業研究を実施する場合、熱心な授業研究の組織的拡大がむしろ教師の同僚性の破壊や疲弊を引き起こさないか注意する必要がある。

　「学びの共同体」の拡大にも見られるように佐藤の指摘それ自体は、日本の授業研究の問題点を露わにする上で重要であった一方で、「教え」から「学び」への転換が、「教える」という営みへの視座を弱めてきたことが批判的に検討されている点にも注目しておきたい。すなわち、「1990年代の授業研究のパラダイム転換は、授業の構想に関わる理論、および授業の本質や哲学を説く理論的言説を構築する仕事を軽視する結果を生み出したのではないだろうか」（石井2014、45頁）とする指摘である。石井の議論は決して「学び」から「教え」への振り子運動的な再転換を要求しているわけではない。そうではなく、1990年代以降の「学習者」の主体性や共同性を中軸に据えた教育実践を分析しつつも、戦後授業研究が蓄積してきた「教える」ことの理論的知見を批判的に継承、再構築していくことが提案されているのである。

　1990年代以降の授業研究は、教師の学習の契機としての授業研究（Lesson Study）を強調する一方で、科学的・実証的な「教えること」の理論構築を目指す、授業に関する研究（Research on Teaching）の視点を弱めてきたのではないか。的場によれば、「一方では現在展開されている授業研究について、理論的研究への貢献あるいは理論形成の弱さがWALSのエキスパート・メンバー間で指摘されている」（的場2017、158頁）とも報告されている。授業の科学的研究と教育現実の改善との関係性をどのようにつなぐかという問題は、授業研究の歴史とともに問われてきた問題である（例えば、宮坂1963）。教授学と心理学のみならず、教育工学、認知科学、脳神経科学、現象学、文化人類学など様々なディシプリンが授業研究を軸に越境する中で、「教えることの再発見」（ビースタ2018）をいかに進めていくかは重要な研究課題となろう。

　国際的な評価の高まりと海外への「輸出」事業の中、この20年間日本の授業研究へ関心が集まる一方で、日本の授業研究そのものが活性化していたとは言い難い状況がある。教育現実を啓蒙的に指導する教育学研究という構図は実現しがたく、下からの授業研究運動の重要な推進力であった民間教育運動も以前のような活気を維持しているとは言い難い。結果、その間隙を埋めるように、教育行政が推進する授業研究と校内研修が勢いを増したが、これもPDCAサイクルの単純転用による形式化や教員の多忙化といった問題に直面しており、佐藤の指摘する通り「もはや『授業研究（lesson study）』は日本の『お家芸』とはいえない状況になっている」（佐藤2014、107頁）。だからといって、定型化された校内研修システムとしての「レッスンスタディの隆盛による授業研究の不在を嘆くのではなく、レッスンスタディを契機として、本来の授業研究への回帰による授業研究の現在（活性化）が要請されている」（深澤2010a、103頁）という指摘もある。グローバル化するLesson Studyに対して、日本授業研究の歴史的な遺産をふまえながら応答しつつ、単純な方法論の交流やそれによる多様化ではなく、「よい授業とは何か」「教えるとは何か」といった問いを再考する教授学の構想が重要となるように思われる。

（熊井将太）

注

1) ただし、小柳は、スティグラーらの研究成果がLesson Studyへの注目のきっかけではあるが、それ以前から理数科教育の研究において日米の教育研究の蓄積があったことが土台として存在しており、それが後述するJICAや大学単位でのプロジェクトと合流していった経緯を指摘している（小柳2017、4頁）。
2) さらに現在では中国語版の刊行計画が進められているとされる。
3) 本項でインドネシアを取り上げる理由は、①授業研究の導入がJICAによっていち早く組織的に導入され、その全体像をとらえやすい点、②インドネシアにおける授業研究について詳細なフィールドワークが報告されている点（田中2011、河野2016、Evi、東田、上野2015など）が挙げられる。
4) 2012年にはインドネシア国内において授業研究学会（Lesson Study Association of Indonesia）が立ち上がっているが、河野によれば、こうした動向を支える動機には、複数のプロジェクトを通して知られるようになった授業研究に対して、誤解が生じていることや、概念や原則を理解しないまま表面的な授業研究のやり方を導入する

にとどまっていることへの問題意識が存在していたとされる（河野 2016、74 頁）。
5）授業の理論としての教授学を「モデル」として捉えるのはドイツ教授学特有の思考
　形式である。モデル概念は、「行為の連関の複雑性をいくつかの要素へと縮減し、現
　実を単純化し、要素化し、行為の準備をすることを可能にする」（Kron2004, S. 60）
　ものとして、多様なモデルが開発されている。

参考文献
〈日本語〉
石井英真（2014）「授業研究を問い直す——教授学的関心の再評価——」日本教育方法
　学会編『教育方法 43　授業研究と校内研修——教師の成長と学校づくりのために
　——』図書文化。
石井英真（2019）「教育方法学—『教育の学習化』を問い直し教育的価値の探究へ—」
　下司晶、丸山英樹、青木栄一、濱中淳子、仁平典宏、石井英真、岩下誠編『教育学年
　報 11　教育研究の新章』世織書房。
Evi Lusiana、東田明希子、上野美香（2015）「インドネシアの中等教育における『レッ
　スン・スタディ』の試み——実践から学び、授業の改善へつなぐ——」『国際交流基
　金日本語教育紀要』第 11 号。
ガート・ビースタ著、上野正道 監訳（2018）『教えることの再発見』東京大学出版会。
キャサリン・ルイス著、秋田喜代美訳（2008）「授業研究——アメリカ合衆国における
　発展と挑戦——」秋田喜代美、キャサリン・ルイス編著『授業の研究　教師の学習—
　レッスンスタディへのいざない——』明石書店。
河野麻沙美（2016）「『授業研究』の導入過程とその葛藤：インドネシアにおけるアクショ
　ンリサーチからの検討」『上越教育大学研究紀要』第 36 巻第 1 号。
小柳和喜雄（2017）「Lesson Study の系譜とその動向」小柳和喜雄、柴田好章編著『教
　育工学選書Ⅱ　Lesson Study（レッスンスタディ）』ミネルヴァ書房。
佐藤学（1992）「『パンドラの箱』を開く——『授業研究』批判」森田尚人、藤田英典、
　黒崎勲、片桐芳雄、佐藤学編『教育研究の現在　教育学年報（1）』世織書房。
佐藤学（2008）「日本の授業研究の歴史的重層性について」秋田喜代美、キャサリン・
　ルイス編著『授業の研究　教師の学習——レッスンスタディへのいざない——』明石
　書店。
佐藤学（2014）「学びの共同体の学校改革——ヴィジョンと哲学と活動システム——」
　日本教育方法学会編『教育方法 43　授業研究と校内研修——教師の成長と学校づく
　りのために——』図書文化。
佐藤学（2018）『学びの共同体の挑戦——改革の現在——』小学館。
佐藤雄一郎、松田充、松尾奈美（2016）「日本における授業研究の展開：『日本版教授学
　モデル』として」『教授学と心理学との対話——これからの授業論入門』渓水社。
サルカール アラニ モハメッド レザ（2014）「授業研究のグローバル化とローカル化」
　日本教育方法学会編『教育方法 43　授業研究と校内研修——教師の成長と学校づく
　りのために——』図書文化。
JICA（独立行政法人国際協力機構）（2018）「インドネシア国　インドネシアにおける
　JICA 事業の足跡に関する情報収集・確認調査ファイナル・レポート」（https://

libopac.jica.go.jp/images/report/12307823_01.pdf)。

柴田好章（2017）「日本の授業研究と世界の Lesson Study」日本教育工学会監修『Lesson Study（レッスン・スタディ）』ミネルヴァ書房。

スティグラー、ヒーバート著、湊三郎訳（2002）『日本の算数・数学教育に学べ―米国が注目する jugyou kenkyuu』教育出版。（原題：Stigler, J. W., Hiebert, J. (1999), *The Teaching Gap. Best Ideas from the World's Teachers for Improving Education in the Classroom*". The Free Press, New York.)

Sumar Hendayana（2018）「JICA プロジェクトにおける学びとその持続的な発展へ向けて」『インドネシアに対する日本の協力の足跡寄稿集』（https://www.jica.go.jp/publication/pamph/ku57pq00002iqnxw-att/indonesia_contribution.pdf）。

田中義隆（2011）『インドネシアの教育――レッスン・スタディは授業の質的向上を可能にしたのか――』明石書店。

豊田ひさき（2009）「第一章　戦後新教育と授業研究の起源」日本教育方法学会編『日本の授業研究（上巻）――授業研究の歴史と教師教育』学文社。

中野和光（2009）「刊行のことば」日本教育方法学会編『日本の授業研究』学文社。

日本教育方法学会編（2009）『日本の授業研究（上巻・下巻）』学文社。

広岡亮蔵責任編集（1975）『授業研究大事典』明治図書。

深澤広明（2010a）「新教授学理論に学ぶ①　レッスンスタディの教授学」『現代教育科学』2010 年 4 月号。

深澤広明（2010b）「新教授学理論に学ぶ③　『よい授業』の教授学」『現代教育科学』2010 年 6 月号。

的場正美（2017）「授業研究と授業分析の課題――実践と理論へのその貢献――」『東海学園大学教育研究紀要』第 2 巻第 1 号。

三橋功一（2003）「日本における授業研究の系譜図の外観」『日本における授業研究の方法論の体系化と系譜に関する開発研究』（平成 12 ～ 14 年度科学研究費補助金基盤研究（B）研究成果報告書：課題番号 12480041）

宮坂哲文（1968）「授業分析の課題」波多野完治編集代表『授業の科学　第七巻　授業分析の科学』明治図書。

ルーシー・クレハン著、橋川史訳（2017）『日本の 15 歳はなぜ学力が高いのか？：5 つの教育大国に学ぶ成功の秘密』早川書房。

〈英語・ドイツ語〉
Kron, F. W. (2004), *"Grundwissen Didaktik."* *4. Auflage.* Reinhardt, München.

Suratno, T., Ibrohim, Joharmawan, R., Chotimah, H., Takasawa, N., (2019), Harbinger of Lesson Study for Learning Community in Indonesia. Tsukui, A., Murase, M. (ed.), *"Lesson Study and Schools as Learning Communities. Asian School Reform in Theory and Practice"*, Routledge, London and New York.

Winkel, R. (1992), Die Kommunikative Didaktik im Kontext einer Kritisch-Konstruktiven Schulpädagogik. *"Die Deutsche Schule"* 84.

第七章
原点回帰
理科、特に基礎生物教育について
日本とアジアを視点に一考する

1　はじめに

　少子高齢化社会とグローバル化社会の時代に突入した我が国において、科学技術政策の政策決定を支援する内閣府は、新たな社会 "Society 5.0" を目指すべき未来社会の姿として提唱した[1]。文部科学省においても新たな教育政策や科学技術・学術政策を推進し[2]、大学等において理系・文系の枠を超えた文理融合型学際的教育の導入、グローバル人材の育成、数理・データサイエンス教育強化方策等、日本はグローバルかつビッグデータ社会に対応できる人材育成を目指したこれまでにない変革期を迎えている。これまで日本の科学技術が世界を牽引してきたのは、揺るがぬ基礎科学教育の基盤のおかげであろう。さて、いわゆる生物学の範疇にあたる生命・医療科学分野の発展は目覚ましく、iPS 細胞の発明やゲノム編集といった革新的技術は既に実用化の段階となった。今や、これらの成果の一部は高等学校の教科書「生物」の応用・発展学習として学び、生物学の教育内容は量・質ともに格段に増加した。社会の関心が大きく応用科学技術に向かう一方で、基礎科学（教育）の衰退も危惧されている。本章では、これからの時代を生き抜く上で必要な科学的素養の形成における理科教育の中の基礎生物教育について、今、なぜそれが重要であるのかを、日本とアジアの中の日本という視点から考えていく。

2　生物学の基本

　自然科学を探究する者として "学問とはヒト *Homo sapiens* が生み出した知的活動やその産物をさす" との思いがある。研究をして得られた結果

が普遍性を示せば、世の中の"事実"へと格上げされ、普遍的な事実は世界で通用する"共通言語"となる。大学の初年次教育の学生を対象とした基礎生物学に関連する講義において、筆者は「生物の定義とは？」と問うている。一般に、生物とは、内外の環境が膜で仕切られ、代謝・成長・増殖・適応・反応・調節・進化をすべて行うものをいう[3]。高等学校までの生物学の知識で答えられる基本的な問いであるが、的確な解答はわずかな数に留まる。この理由はどこにあるのだろうか。

　世界的にも生命科学分野の進歩は目覚ましく、それらの内容を盛り込んだ日本の高等学校の教科書「生物」の内容量は、他の教科に先んじて増加した。生命現象の理解が進むにつれ学習項目は細分化され、学習内容は深化した。そのため、"複雑な生命現象の個々の事象を丸暗記することが、生命現象ひいては生物学の理解を深めることである"との学習を高校時代に経験した学生が多くなっていることが、先の問いの正答数が低い理由の一つではないであろうか。ひとつの生命現象は単独の事象ではなく、様々な事柄が複雑にからみ合って成り立っていることから、高等学校までに学習した"独立した単元"の事象を鳥瞰して総合的に考えさせることが重要である。生き物は、種ごとに環境への適応能力が異なり、"生命"という戻ることのできない時間軸をもつ。さらには、地球上に生命が誕生してからの"生き物の進化"を考えると、必然的に生物学には曖昧さや混沌さがつきまとう。生命現象の神秘性を追求することが生物学という学門分野の基本であるのであろう。

　生き物の多様性を認識し、識別することは、分類学などの特定学問領域のためだけではなく、生物学全般における根幹である。専門教育の生物学実験[4]で野外から実験で使用するある特定の生き物を採集してきなさいと指示すると、明らかに違う生き物を採集してくる学生がいる。研究対象となる生物種を正しく認識することの重要性は、学問の世界に限ったものではない。ヒトにとって、誕生して初めて行う生物学が分類学という[5]。おそらく、乳を与えてくれる同種を識別し、やがては餌や敵となる別種を認識していく必要があるからであろう。つまり、生活に関わる生物学の"基本"を幼い段階から身に付けていくことの重要性は、世界共通なのである。

3 生き物を認識するとは

18世紀に現れたカール・フォン・リンネの功績のひとつは、学問として"生き物を正しく認識する"ことの道筋をつけたことである。リンネは、できる限り自然に即して生き物を分類・整理していくことを提案し、『自然の体系』（原題：Systema nature）を編纂した。その第10版（1758年）で提案された二名法により、現在も生き物は命名され続けている[6]。この命名法により、世界各地で異なった名前が付いていた同じ生き物に対して、唯一無二の普遍的な学名が付されることとなった。

筆者の初年次教育の授業において、受講生全員に同じ種の生物標本を手渡し、リンネになったつもりでその生物にふさわしい和名を付けてみようという課題を出している。その生物標本の和名はハスノハカシパンというウニであり、その学名 Scaphechinus mirabilis の意味は奇妙な小舟状のウニである。目にした生物の形態学的な特徴を自由に表現すればよいのだが、それが難しいと頭を悩ませる学生もいる。各学生が命名した和名を公表すると、現在の和名に劣らぬ「なるほど！」と、うならせる和名もあり、学生の「観察眼」と「ネーミングセンス」に脱帽させられる。この命名作業の疑似体験は、生き物の特徴を捉えることの重要性を意識させるには効果的である。違いを見出すに至る知識があっても、観察眼なくしては新たな発見はできない。生き物を正しく認識することが基礎生物学の基本である。つまり、生物学は暗記だけの学問ではない。

また、「全世界の生き物を整理する」という大いなる目標を掲げたリンネの生い立ちや、このような目標を立てるに至った歴史的背景などの解説は、生物学が社会にもたらした影響を考えさせることへと繋がっていく。

なぜ、このような授業展開の講義をしているのであろうか。シラバスに登録された授業科目名は「文化の継承と創造」である。「科学史（生物学）」であれば世界各国で通用するであろう。21世紀のグローバル社会にあって、日本人そして海外からの留学生が授業科目名から何を学べるのか、授業単位の修得で何が身についたのかが、容易に想像もつかない科目名がずらりと並ぶ。現在、日本の多くの大学のシラバスに掲げられた我が国特有の不可解な科目名を、"学名"の生みの親であるリンネが知ったらさぞ

かし嘆くであろう。

　リンネを慕い、リンネの思想に賛同した弟子たちは、生き物収集のためにスウェーデンから世界に駆け巡った[7]。アジアから日本、日本からアジア、そして世界へ。未知、既知問わず、生き物は我々の知的好奇心を呼び覚ますに十分な対象物である。多種多様な生き物を多様な角度から問うことの重要性を、今一度、教育すべき時代になったと思われる。

4　食から学ぶ生物学と文化

　近年、日本からアジア諸国への移動は、国内の移動よりも安価な場合もあり、国境を越えるハードルは低くなり、アジアでの教育・研究活動は格段に容易となった。前節で"学名"があることで生き物を世界で"共有"できることを述べた。種の多様性は計り知れず、日々、未知な生き物に学名が付され新種として学術誌に報告され続けている。国外で遭遇した初見の生き物に安易に接触することは命取りとなる危険性もある。キノコがその代表格であろう。同じ国に生息している生き物でも生息環境が違うだけで、同じ種であっても有毒化する種（カキなどの一部の貝類）なども存在する。訪問先の国から"生物学"を学ぶ手軽な方法は何であろうか。

　"食"から文化が見え、"食"から生き物が見えてくる。"食"はアジア諸国における生物教育と文化交流の障壁を低くする。"食"の食材は実験材料にも学習用教材にも安心して利用できる。アジアの街を散策すると、日本では消失しつつある庶民向け市場や商店街が未だに高層ビルの間のあちこちにある。都市化の波が押し寄せる中、アジア諸国の風情ある露店や市場に山積みされた多種多様な食材の量には驚かされる。その需要と供給の均衡は、日本人の感覚からすれば明らかに供給過多であると感じるのだが。しかし、この食材の中に、その国や地域特有の生き物に出会うことができる（図1）。旅の途中に市場を巡れば、種の同定までは難しくても、生物の分類階級の門から目レベルまでの分類であれば形態観察により十分可能であろう。つまり、高価な機器が無くとも生き物の"観察眼"を身に着けていれば、ある程度その土地の生物学的な素養を学ぶことができる。そして、それを生物教育にアウトプットする柔軟な発想力を備えていること

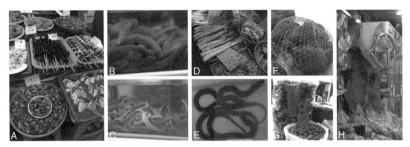

図1　アジアの市場
A-C：韓国、アメフラシ（A 中央の串に刺さった黒いもの）、ユムシ（B）やヌタウナギ（C）なども普通に釜山では売られている。D-H：台湾。日本では見かけない野菜（D）に加え、生きたカエル（E）や水棲のヘビ（F）、乾物屋には大量のキクラゲやリュウガン（G）、サメなどの干物（H）も見かけられる。台北にて。

が肝要であろう。各国の教育環境にもよるが、「身近な自然」を「科学」（日本においては小学校の「生活科」を「理科」）に上手く繋ぐことが、科学的思考力の向上の近道であろう。

5　アジアにおける基礎生物教育——バングラデシュを例に——

　バングラデシュの国立研究機関である Institute of Food and Radiation Biology の研究者らと昆虫に関する共同研究を行う中で、アジアにおける基礎生物教育を意識する機会を得た。同国で採集したガ類の種を同定する際、バングラデシュ産のガ類図鑑は出版されておらず、日本とタイで入手したタイ産ガ類図鑑を参照し、可能な範囲内で種の同定を行った。すなわち、国内の生物相に関する情報（図鑑・Web コンテンツなど）の有無は、その国の基礎生物教育そのものに深い影響を及ぼしていることは自明であろう。

　生物教育を実施する上で大切なことは、まず、学習者へ生き物に興味をもたせる動機付けである。特に、様々な事象に興味を抱く多感な時期の児童や生徒に自国の生き物に興味を持たせ、その多様性を認識させることが重要である。その更なる延長線上には、各国の生態系を反映させた持続的な生物教育の展開が期待されるところである[8]。

　ところで、バングラデシュの学校教育の中で基礎生物教育を向上させる

方策は何か。児童や生徒にとって、自身を取り巻く環境にどんな生き物が生息しているのかを理解・判断するための情報源がほとんどない。訪ねた小・中学校にはインターネット環境もない。そこで、児童や生徒が、日頃目にしているチョウに着目した。現地で採集したチョウのなかで普通種として位置づけられるチョウを選定し、冊子体のバングラデシュ産チョウ図鑑を 2007 年に現地で刊行した[9]（図2A）。そして、ダッカおよびボグラ市内にある一部の公立小・中学校に図鑑を無償で寄贈した（図2B）。また、この図鑑の内容は電子情報化されており、電子媒体を通じた図鑑の配布は今後も継続可能である。

　研究者支援として、日本学生支援機構は帰国外国人留学生短期研究制度を設け、帰国し研究者となった留学生を再来日させ、短期研究の機会を提供している（図2C）。バングラデシュにおいては、諸外国で研鑽を積んだ研究者が、同国の基礎科学教育に還元しうるデータベースを構築し、ICT教育等に活用できる基礎理科教材の開発・充実を図ることも必要であろう。2015 年には持続可能な開発目標（SDGs）が国連サミットで採択された。アジア諸国が連携し合い、各国が相乗的に質を高め合う基礎科学教育の基盤構築も待たれるところである。

図2　バングラデシュへの生物教育に関する支援
A：バングラデシュ産チョウ図鑑[9]、B：図鑑を寄贈したボグラ市内の小学校、C：短期研究制度で再来日したバングラデシュ人研究者を囲んで（左：筆者本人、左5人目：Fayezul Islam 博士、右2人目：第1－4・6・8節担当の北沢）。

6 アジア初の臨海実験所

　風土記にも記されているように日本とアジア諸国を繋ぐ広大な海は、古来より我々に豊富な海産資源の恩恵をもたらしてきた [10]。そして、この海洋環境は日本の教育・研究活動の発展にも多大なる貢献をもたらしてきた。現在、臨海実験所を持つ国立大学法人は 19 大学あり、その多くは教育関係共同利用拠点 [11] として文部科学省から認定を受け、更なる高等教育の推進を担っている。日本・アジア初の帝国大学臨海実験所（1887 年 4月に命名）は、通称、三崎臨海実験所（現東京大学大学院理学系研究科附属臨海実験所）で神奈川県三浦半島にある。三崎臨海実験所はウッズホール海洋生物学研究所（アメリカ）、ナポリ海洋研究所（イタリア）、プリマス海洋研究所（イギリス）といった、歴史ある海洋研究施設と並ぶ地位を築き上げてきた [12]。三崎臨海実験所は、設立以降、系統分類学や発生学をはじめとする様々な生物教育・研究活動の拠点として日本国内外の生物学の進展に貢献してきた [13]。また、棘皮動物を研究対象としている人で知らない人はいないであろうセオドア・モルテンセン、ディヴィッド・テント、ハンス・ドリーシュらが来日し、研究に邁進した歴史的な臨海実験所でもある [12]。なお、関東大震災の後、しばらくして改築され（1938 年）、実験所本館となった建物 [12]（後に旧本館あるいは旧棟、日本海洋生物学百周年記念館と呼ばれた）（図 3A）でも、数多くの著名な研究者が輩出され、発生学を学んだ者ならば一度は訪れたい憧れの実験所である。

　筆者は富山大学理学部小嶋 學教授（当時）の発生学の授業で、初めて三崎臨海実験所の存在を知った。その中で、海産無脊椎動物を用いた実験発生生物学の第一人者、團 勝磨・ジーン夫妻の様々な研究やドラマティックな出会い、そして第二次世界大戦から実験所を守った一通の手紙の話となると [14]、小嶋教授は熱弁をふるわれ、講義を聞く皆が魅了された。この授業と同大の小松美英子教授（当時）との出会い無くしては、筆者が三崎臨海実験所での研究生活を実現させることはなかったかもしれない（図 3A, C）。また、前述のウッズホール海洋生物学研究所で開催された棘皮動物研究の国際会議である Sea Urchin Meeting にも参加し、海外研究者との交流を果たした。そして、この研究所に展示されている團先生の手

図３　三崎臨海実験所
A：改築された実験所本館（旧棟）の玄関（筆者在籍時に撮影）、B：臨海実験所を守った團先生の手紙（ウッズホール海洋生物学研究所が所有。筆者撮影）、C：棟下式当日の実験所本館（旧棟）（建物左側の円形構造の部屋が筆者在籍時の院生部屋兼実験室である）。

紙の実物を見た瞬間は夢のようであった（図3B）。この一通の手紙が、世界を巡り日本の教育機関を守ったこと、また、ウッズホールで大切に保管されていることも感慨深かった。当時、当研究所の大講義室の座席には、訪れた著名な研究者の名札がついており、名前を探して着席する楽しみも粋な計らいで心をくすぐられた。

　戦火を逃れ日本の海洋生物学を牽引してきた同臨海実験所本館（旧棟）は、2019年3月30日に棟下式を迎え、歴史の幕を閉じた（図3C）。研究者の情熱のつまった歴史的建造物をも維持できない現状には、何とも物哀しさを感じる。

　生物学に真摯に向き合い研究に没頭した先人たちの熱い姿を伝承することは重要であり、学び舎であった三崎臨海実験所の出来事や思い出を筆者は授業で語り続けている。

7　附属小学校発信の海洋環境教育

　我が国の初等・中等教育では、今回の学習指導要領の改訂により各教科における見方・考え方を養うことがうたわれ、教科「理科」においては従前の特有な見方・考え方を見直すことが求められている[15]。理科では"実物・本質"を如何に客観的に分析できるかが問われる。小学校において見方・考え方を養うには、児童が物事の本質を意識し、理解しやすい活動体験を通して学ばせることがひとつの方法である。

　以下に、山口大学教育学部附属光小学校における正課外の理科に関する

自主的な活動や正課である「クラブ活動」授業を通した児童への生命現象の捉え方の実践例を紹介する。本校は山口県光市の御手洗湾に面し、海洋教育の実践に適した自然環境がある。隣接する海岸には砂浜、礫、泥地、磯場があり、児童が安心して散策できる海辺である。当初は筆者の自己研鑽のために取り組んだ海浜生物探索に、児童が加わり課外の自主活動として継続した結果、児童は日頃より海浜生物や海洋環境に関心を持つようになり、自主的に海浜探索をするまでになった。近年話題のナノ・マイクロプラスチックや海の多種多様な漂流・漂着物に対しても児童は関心を抱くようになった。児童らは、人間の生活活動から作り出された産物が他の生き物の生命活動に支障を及ぼしていることを知り、環境の保全や生物の保護の意識を高めていった。この体験から児童は自主的に、休み時間等を利用して漂着プラスチックを回収しに海岸へ行ったり、家庭ではレジ袋の不利用を実践した。校内には児童が自ら作成した環境問題に関する啓発ポスターや新聞が掲示され、お互いの取り組みを評価するに至った（図4）。児童数名の有志が始めたこの取り組みは保護者にも波及し、総勢50名超となって家庭学習活動のひとつにもなっている。また、正課授業である「クラブ活動」において前述の自主活動に参加している児童が、海浜探索をより科学的に実験・検証する班を理科クラブ内に立ち上げもした。ある児童は海岸に打ち上げられたゴミの位置から潮位の変化に気付いたり、諸外国語で標記された漂流物を手に瀬戸内海が世界とつながっていることを実感したりした。学年を越えた活動がもたらす効果も見過ごせない。下級生の見方・考え方は上級生の行動や考えに接することで感化される。身近な自然に目を向け、十分な時間をかけて直面した事象を分析する過程が、児童の自然を対象とした科学的な思考力を育むことにつながっていく。

　我が国の環境教育は中学・高等学校において食物連鎖や生物濃縮等に焦点が絞られ [15]、小学校では、生命を尊重する心や、自然環境の大切さや保全に寄与する意識を養うことが求められている [16]。学習者が、環境問題に対して日頃から能動的な意識・行動をとらなければならない、という動機付けになるような授業内容に組み立てる必要があろう。今回、海浜（生物）探索という基礎生物教育が、児童の"主体的・対話的で深い学び"を導いたことを示したものと思われる。

図4　附属光小学校における海洋環境教育
A、B：漂着物の回収作業、左手石垣の奥は校庭（A）、分別作業（B）。C：児童
が作成した全校児童向けの啓発ポスター。

8　おわりに

　生物学は、自然への関心を深めて、目の前の生命現象を客観的に分析し
特徴を捉えていく学問領域である。その大前提として、生物種の正しい認
識が必要である。リンネの授けた学名を基に、広くは生命現象という共通
言語で世界とのつながりを実感できることが、自然科学を学ぶ醍醐味では
なかろうか。最近、生き物の曖昧さを理解することができず頭を悩ませる
日本人学生と出会う。我々も生き物であるのだが。曖昧であるからこそ何
度も実験や観察を繰り返し、普遍的な性質を見出していく過程にロマンを
感じてほしい。
　アジア地域の生物学の更なる発展のためには、生き物への探求心を育む
基礎生物教育の充実が必要である。これは、リンネが名付けた *Homo
sapiens*―賢い人―としての使命のひとつなのかもしれない。

（第1-4・6・8節 北沢千里、1・5節 山中 明、7節 赤星 冴）

注
1）内 閣 府 HP：https://www8.cao.go.jp/cstp/society5_0/index.html（2019 年 8 月 30
　　日閲覧）（2019 年 9 月 10 日最終確認）
2）文部科学省 HP：http://www.mext.go.jp/（2019 年 8 月 30 日閲覧）（2019 年 9 月
　　10 日最終確認）
3）Alcamo, E.（1998）Chapter 1-1 Characteristics of Living Things. "Biology Coloring
　　Workbook", pp. 2-3, The Princeton Review.

4) 北沢千里・笠原麻未・山中　明（2013）無脊椎動物の体のつくり―ミミズの解剖実験―、*山口大学教育学部研究論叢*、62、95-104.

5) 馬渡峻輔（2006）『図説生物学 30 講　動物編 2　動物分類学 30 講』、朝倉書店 .

6) 西村顯治（2000）『生命探求の姿勢　ヴェサリウスからゲノム解析まで』、慶應義塾大学出版会 .

7) 西村三郎（1997）『リンネとその使徒たち　探検博物学の夜明け』、朝日新聞社 .

8) 山中　明（2018）生物多様性　〜地球という天体に息づく豊かさ〜、*山口大学環境保全*、34、2-7.

9) Islam, A.T.M.F., Endo, K., Razzak, A., Yamanaka, A., Mamun, A.N.K., Kometani, M., Saifullah, A.S.M., Inoue, M., Shahjahan, R.M.（2007）"Common Butterflies in Bangladesh", pp.1-33,（with Plate 1-15）, Institute of Food and Radiation Biology, Atomic Energy Research Establishment, Bangladesh Atomic Energy Commission.

10) 梶島孝雄（2002）『資料　日本動物史』、八坂書房 .

11) 文部科学省 HP：http://www.mext.go.jp/a_menu/koutou/daigakukan/1360542.htm（2019 年 8 月 30 日閲覧）（2019 年 9 月 10 日最終確認）

12) 東京大学大学院理学系研究科附属臨海実験所 HP：http://www.mmbs.s.u-tokyo.ac.jp/（2019 年 2 月 21 日閲覧）（2019 年 9 月 10 日最終確認）

13) 磯野直秀（2007）　1 章 日本における動物学の黎明期、毛利秀雄・八杉貞雄共編『シリーズ 21 世紀の動物科学 1　日本の動物学の歴史』、培風館、9-29.

14) 團　勝磨（1993）『ウニと語る』、学会出版センター .

15) 文部科学省 HP、学習指導要領「生きる力」、平成 29・30 年改訂学習指導要領、解説 等：http://www.mext.go.jp/a_menu/shotou/new-cs/1384661.htm（2019 年 3 月 16 日閲覧）（2019 年 9 月 10 日最終確認）

16) 小松輝久（2018）Think Globally, Act Locally―海洋マイクロプラスチック問題をもとにして、*学術の動向*、2、32-35.

第八章
外国人散在地域の小学校における日本語教室の役割と課題

1 問題設定

　よく知られているとおり、1980年代から日本に在留する外国人の人口が増えはじめ、1990年の入管法改正以降、ニューカマー[1]と呼ばれる外国人の数はますます増加している。それに伴い、外国にルーツをもつ児童生徒の数も伸びており、1993年10,450人だった「日本語教育が必要な外国籍児童生徒」の数は、2010年には28,500人余りへ、そして2018年には40,485人と初めて4万人を超えるなど大幅に増加した。

　「日本語教育が必要な」とは、「日本語で日常会話が十分にできない児童生徒及び日常会話ができても、学年相当の学習言語が不足し、学習活動への参加に支障が生じており、日本語指導が必要な児童生徒」を意味する。したがって、外国籍児童生徒であっても日本語での授業に参加できる子供は含まれないし、あるいは必ずしも外国籍の子供に限らず、日本国籍を含む重国籍の子供や、保護者の国際結婚等により家庭内では日本語以外の第一言語を使用する子供も含まれる（文科省2016）[2]。たとえば、2018年の公立学校に在籍する外国籍児童生徒93,133人のうち、日本語教育が必要とされる児童生徒は40,485人（43.5%）であり、そのうち実際に日本語指導等特別な指導を受けている者は79.3%（32,100人余）であった。

　日本語指導が必要な外国籍の児童生徒の現代的特徴としては、まず第一に、こうした児童生徒は全国に在籍するため広く各地で対応が求められるものの、その在籍数は都道府県ごとに大きな差がみられる点である。図1のように、最多は愛知県であり、東京、千葉、静岡と続くが、この4都県だけで全体の50.0%を占める。それと関連するが、第二に、校内に日本語指導の必要な児童生徒数は少人数であるという学校が多いことである。

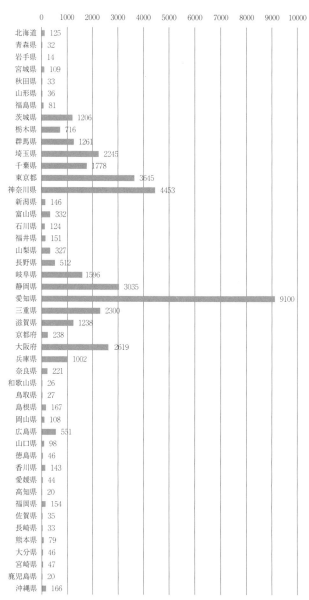

図 1　日本語指導が必要な外国籍の児童生徒の都道府県別在籍状況（学校種別）

出典：文部科学省「日本語指導が必要な児童生徒の受入状況などに関する調査（2018）」

2018 年の調査では、校内に 1 人だけという学校が 40.6％、2 人は 19.1％、3 人が 9.7％であり、1 ～ 3 名しか在籍しない学校が全体の約 70％（5 人未満の在籍校は 75.4％）であった（文科省 2018）。

　日本語教育の必要な児童生徒が多い学校であれ少ない学校であれ、一人ひとりに応じたきめ細かな教育を行っていくために 2014 年から「特別の教育課程」の導入がはじまり、また、国籍にかかわりなく教育を受ける機会を確保することを基本理念に盛り込んだ「義務教育の段階における普通教育に相当する教育の機会の確保等に関する法律」の制定（2016 年）、外国人児童生徒等教育を担当する教員の安定的な確保を図るための義務標準法等の改正（2017 年）、新学習指導要領の「総則」に日本語の習得に困難のある児童生徒への指導が明記されるなど、制度的見直しが図られている。

　ところで、日本語を全く使えない子供が日本の学校で学ぶとき、まずは挨拶や体調を伝える言葉、教科名、身の回りのものの名前など「サバイバル日本語」と呼ばれる日常生活上必要な日本語の獲得が必要となる。筆者の聞き取り調査でも「体に関係すること、命に関係することだけの文章はまず英語で作って（資料を配付する）。優先順位がある。その次は、学校生活のこととか」（T3）という語りが担任教員から聞かれた。

　そのうえで、教科内容を理解できるように基礎的日本語の学習がすすめられるが、その指導方法は主に 2 つある。ひとつは、原学級以外（たとえば、日本語教室や国際学習教室）へ「取り出し指導」を行う方法であり、国語科や社会科、道徳の時間などに行われることが多い。そしてもう一つが「入り込み指導」であり、日本語指導の担当教員や支援者が教室に入って当該児童生徒のそばでサポートする方法である。特に外国人散在地域の場合は、小中学校に外国にルーツをもつ児童生徒の数が少なかったり、年度によって在籍したりしなかったりするため、加配教員がおかれる日本語教室を設置するよりも、予算の都合上、該当児童生徒が転入学したあと一定期間だけ通訳者や支援者をつける方法がとられやすい。

　本章で対象とするのは、散在地域における日本語教室の役割と課題である。日本語教室の課題については児島（2001）の研究があるが、児島が対象としたのは愛知県の集住地域の中学校であり、また初任者が日本語指導担当教員になったケースであった。同じ県内に日本語教室がいくつもある

場合は情報交換なども可能であろうが、散在地域の小中学校ではより「ひとりぼっち職」となりやすい。また、担任教師にしても、集住地域よりも外国籍児童生徒に出会う機会はより少ないため、彼らが子供といかに出会うかにも注意する必要があるだろう。また、これまであまり研究では取り上げられてこなかったが、取り出し指導がある程度効果を見せると、その児童については原学級のみでの指導に変わる点について、特にいつ頃から日本語教室からフェードアウトしていくのかを、公立小学校でのフィールドワークおよび教師へのインタビュー調査をもとに明らかにしていくことを目的としたい。

2 研究方法

2017年4月から2019年8月にかけて、断続的なフィールドワークとインタビュー調査をX県Z市における2つの小学校（A小学校、B小学校）で行った。ただし、本章で用いる外国籍児童の担任教師インタビューデータはすべてA小学校におけるものである。

表1 聞き取り調査対象者（外国籍児童の担任教師）のプロフィール

		教職歴	外国籍児童担任経験
T1	日本語教室(女)	23年	あり（1名）
T2	取出しなし担任（女）	13年	初めて
T3	取出しなし担任（男）	7年	多数あり
T4	取出しあり担任（女）	初任	初めて
T5	取出しあり担任（女）	23年	あり（2名）
T6	取出しあり担任（女）	34年	初めて

※2019年8月時点のプロフィール

今回、調査を行ったZ市はX県内で2番目に外国人の居住が多い市であるものの、外国にルーツをもつ子供が全くいない小中学校も多く、1名～数名の児童生徒が年度によっていたりいなかったりする学校が殆どである。そのなかでも、A小学校は、この10年ほど常に10名以上の児童が在籍しており、市内で最も外国にルーツをもつ児童の数が多い学校である。

日本語教室は 2010 年代に入って設置されたが、当初、「何をどのようにすればいいのかわからないまま」（当時の日本語担当教師談）、日本語教室担当教師の試行錯誤からスタートした（2019 年時点で 8 年目）。筆者が調査した期間には、インドネシア、バングラデシュ、ネパール、中国、ベトナム、フィリピンから 10 〜 17 名の児童が在籍していた。

　日本語教室は児童の昇降口から離れた場所にあり、1 年生から 6 年生まで必要に応じて、多くは国語科、社会科、道徳の時間に「取り出し」の形で日本語指導が行われる。最も近い教室は日本語教室の隣りに位置するものの、最も離れた教室からは 1 年生の足で 3 〜 5 分近く移動時間を要する。日本語教室の教師が、授業開始時に対象の児童を学級に迎えに行き（他の児童たちに「行ってきます」と声をかけ、「行ってらっしゃい」と送り出される）、休み時間に原学級に戻すことが多いため、45 分の授業時間をフルに活用することは難しい状況にあり、日本語指導は「35 分、実質 30 分」（日本語教室教師 T1）である。

3　散在地域の小学校担任教師と外国籍児童

　愛知県や東京都など外国人人口の多い都県であれば、いつかは外国籍児童生徒の担任になることを予期している教師も多いだろう。しかし、散在地域では必ずしもそうとは限らず、最初は戸惑いや不安を感じるのではないかと予想した。インタビューを行った教師のなかには 34 年のキャリアのなかで初めて外国籍児童の担任になったという先生もいるし、一方で初任者の教員もいた。そこで、最初にどのように感じられたのかと尋ねてみたが、筆者が予想したような戸惑いや焦りを感じたという先生は殆ど見られなかった。

　その理由として、次の 4 点が考えられる。まず第 1 に、外国籍児童の転入当初の担任ではないため、前任者の指導によって、児童が片言であっても日本語での指示が理解でき、学校文化等に慣れている場合である〈事例 1〉。第 2 に、外国籍ではあるが日本生まれであるとか幼稚園・保育所へ通った経験があるとき、他の日本人児童と同じように指示・指導が可能となる。第 3 に、日本語教室の教師が主となって保護者との連絡係をしてい

るとき、そして第4に、保護者のうち少なくとも一方が日本人であったり日本語を母語とする場合、学級担任の負担感は薄まっていた。

〈事例1〉

筆者：初めてで、外国籍の子どもはいるってのはどう思われました？

担任T4：そうですね、どう配慮していいのかな？ってのはあるし、子供たちとどういう関係性だったのか中々わからなかったので。でも、前（学年）同じクラスの子もいたし、クラス自体が結構、協力して、何も言わなくても教えてくれる子がいたので、そういう子に頼りながら一緒にやってる感じですね（笑）

筆者：とはいえ、（C君は）日本に来てそんなに時間たっていないですけど

T4：言葉は、日本特有のものとか難しいと思うんですけど、簡単な指示だったら、書くとか今これするんだとか周りの動きを見ながらだと思うんですけど、理解はしてくれているので。全体に指示して、個別に声掛けないのは、さすがに厳しいので

筆者：そうですよね

T4：クラス全体に「これして」で、何人か理解してもらえるので、その子たちに「ちょっと分からない子がおったら教えて」って。それでC君にこれをこうするんよって個別に言いに行くので。周りの子に頼りながら（笑）

　C君は周り見てやってくれてはいるんですけど、何を書いているのかとかは分からないので。みんなは日本語で考えながら書いているけど、彼は難しいから「これを写して」とか（指示する）。その時間、何もしないと勉強にならないから、「友達が言ってることを書いてみて」って言って

筆者：先生のご指示は、日本語は理解できているようですか

T4：「書いて」とか簡単なものでしたら。（……）日本語で全部伝えようとしてくれるんですけど、分からなければ単語とか動きで伝えてって頼んでるので。本当に分からなければ英語で書いてくるんですけど、読み取れた単語だけで「あぁ、これ言いよるんや」って（理解する）。

（括弧）内は筆者加筆。（……）は中略を示す。以下同様。

「最初は不安でしたか？」という筆者の問い掛けに対して、担任教師からは「いや、それはない」「特に」など返事があり、そういう先生ほど「私は普通に。他の子と一緒。困ることは特にないですね。普通。ほかの

日本人の子と何ら変わったことは（ない）」（T2）、「外国人扱いしてない。ここの学校って結構外国籍の子がいるから。いい意味で、悪い意味じゃなくて、気にならない。クラスにおったら同じ仲間よね」（T3）という。実際、そういう学級の外国籍児童は「賢い」「やる気がある」などの特性で語られるが、もちろんそういう児童ばかりではない。

〈事例1〉のように、日本語教室での指導を受けている最中の児童は、「書いて」といった指示を受けていることは理解できるし、周囲の児童の作業に合わせようと努めるものの、しかし何を書くのかまではわからないため、教師は全体へ指示した後に個別に「ここからここまで写して」など具体的指示を与える様子は多くの教室で見られた。しかし、その出来については、日本人児童と同じレベルを求めることはない。

> 担任 T6：無理も言われんかなって。他の子と同じようにはね。日本語一生懸命お勉強して丁寧に書いたところで向こうに帰ったらすべて忘れてしまうかも知れない。他の子たちには点や丸の位置とか凄くやかましく言うんですけど、F さんは写すだけで OK。凄く早い。他の子は小さい「つ」が抜けてた（でも）全部やり直し。F さんはタッタッタ。

　A小学校の外国籍児童のすべての担任教師に「日本語習得のレベルについてどこまで求めるか」と尋ねたが、殆どの先生が「最低限、授業についてこれる程度」「日本の学校文化を体験」といった語りで説明をする〈事例2〉。

> **〈事例2〉**
> 筆者：どこまで日本語が分かればいいなって目指されていますか？
> 担任 T3：日本語が分かればいいなっていうか、折角、日本におるから日本の文化、日本の学校ってこんな感じだったよっていうのを教えてあげたいなって思って。最低限、勉強を保障したいから、そこまでのレベルは日本語分かってほしい。
> 筆者：あぁ、日本語を教えるわけじゃなくて、学校文化とか？

T3：日本にいるからこそ体験できることを先に体験してほしい。それに必要な日本語をどんどん覚えてほしい。友達との関係もそうだし。

　「個に応じた」という語りもよくなされたが、帰国後に子供が自国の学校生活に戻れるよう自宅では保護者が母国の学習指導をしていることも多く、そのため日本人児童と同レベルを求めることはあまりなく、日本の学校では無理のない程度にと考えられていることが多かった。こうした担任の意見を聞きながら、多くの外国籍児童を同時に指導する日本語教室の教師は、「特別の教育課程」をもとに、担任の負担と子供のしんどさの両面から説明をする〈事例3〉。

〈事例3〉
日本語教室教師 T1：「特別の教育課程」を組んでいいと（通達が）出ているので、子供によりけりで、難しかったら日本語の会話練習に重きを置いて良いとあるから。
　保護者の要望によっては、しっかりせにゃいけん、ところもあるかも知れんし。（しかし）そういう子ばかりではないので、子供がそのレベルにないのに、そこまで押し上げてくださいと言われたら、学校も、外国籍を受け入れることをためらってしまうと思います。大変ですよね。だから「できるように」「できるなりに」っていう風なスタンスで入って頂かないと、国も違うし、文化も違うし、それこそ考え方も、言葉も壁があるなかで、日本人と同じようにっていうのは無理なお子さんもいらっしゃいますよね。

　「できるなりに」とはいえ、授業についていかせるために、担任教師は外国籍児童へさり気ない配慮を講じる。〈事例1〉では全体への指導を徹底した後に、机間巡視のなかで外国籍児童へ日本人児童とは異なる具体的指示をする様子が見られたが、板書の場合、たとえば〈事例4〉のような配慮も必要となる。

〈事例4〉
担任 T3：平仮名は全部読めるから、黒板は全部漢字に平仮名を振ってあげますよ。上にこう平仮名かいて。（日本人の）子供たちは「なんで？」って聞くけど、「趣味」って言ってあります。1回、Dさんがおらんときに（児童たちに）言われましたよ。「先生、何で今日は書かんの？」って。「本当に趣味と思いよったん？」って（笑）。「だって、みんなも英語わからんやったら上に平仮名書きたくなるやろ？」って言ったら（納得してて）。一緒やろ？って。
筆者：ああ。なるほどね。Dさんがいないときに配慮。

　こうした配慮は高学年ほど必要になる。しかし低学年の教室を参観していると、担任教師の指示は日本語だけで進められ、外国籍児童の隣席の日本人児童が日本語で先生の指示を指さしなどで伝える様子をよく見かける。また、日本語教室の教師は「取り出し指導」だけでなく「入り込み指導」を行うこともあり、その際は、担任の先生の指示を外国籍児童に伝え、子供は意味を理解できなくても、〈事例1〉でみたように書き写すだけはするようになる。「授業の邪魔をしないように」みんなについていければ特に問題とされない。また、授業以外でも学級全体に対して必要な説明がある。たとえば、宗教上の儀礼や禁忌などがそれにあたる。

担任 T3：（日本語教室の）先生がやってくれます。（イスラム教の）お祈りの時間とかも。この前も遠足行った時、お弁当食べたら「ちょっとおいで」って、みんなのいないところでお祈りさせて。
日本語教室教師 T1：日本語教室教師：イスラム（教徒）は配慮がいるけど。
T3：豚肉はダメだけど。僕が（給食では豚を）抜いてあげて。「これ入ってるからダメよ」って（外国籍児童に声かけて）。
T1：先生（T3）から「メニュー表は？」って。豚肉にマーカー付けて渡してるんですよ。それを貰ってないから僕にもくれって
T3：それは子供たちにも言ってますから。別に残しているわけじゃなくて宗教上の必要なことやって。

では、担任教師から、日本語教室の教師はどういう風に見られているのだろうか。

　担任T5は「日本語教室の先生（T1）と（職員室で）席近かったんですよ。見てて本当大変だなって」と思っていたと語る。具体的には、T1がT5のクラスの外国籍児童の家に家庭訪問を重ねている姿やその報告、日本語教室での様子の報告などからそういう感想を抱いていた。「親御さんに連絡はしょっちゅうT1がしてくださっています。わざわざご家庭まで行かれて『丸付けをしてください』『連絡帳はこうなっているから、（担任の先生に）渡してください』っていうのは、昨年からずーと言ってくださっていますが、（親御さんは）『はい、わかりました』って仰って中々やっていただけない。」と前年度から改善されない保護者態度に日本語教室の苦労を見る。

　そのほかにも「孤独感はあるかもしれませんね。気持ちを分かる人がいないわけじゃないですか」（T2）と感想をもつ教師もいるが、筆者が「相談されっぱなしですものね、ずっと」とコメントすると、日本語教室の教師T1は「そんなに、みなさん相談されないんですよ、みなさんね、本当に困ったときだけね（笑）。本当だったら『こういうのどうですか？』とかこっちから聞いていってあげるのがいいんだろうけど、そんなに暇ない。」と、担任が「困ったときだけ」相談に来ること、それは本来望ましくないことなので、こちらから声掛けすべきかもしれないが、しかしそんな余裕はないと話す。

　たとえば、担任T2は「（日本語教室の教師への相談）は、保護者関係ですよね。（……）学校のメールが届かない間、日本語教室の先生が全部やりとりしてくれて。」と保護者対応は日本語教室の教師に任せっきりであることを述べるが、それは「（日本語教室の先生は）英語がぺらぺら」「保護者とぺらぺら」（T2、T3、T4、T5、T6）だからであることを、本データには登場しない教師たちも含めて主な理由にあげた。

　しかしこうした担任教師からのコメントのあと、日本語教室の教師（T1）は、決してそういうわけではなく、自分も他の教師と同じで苦労していることを理解して欲しいと何度も繰り返していた〈事例5〉。

〈事例 5〉

担任 T2：（両親との面談で）私がどうしても英語が出てこないときは日本語で。

日本語教室教師 T1：<u>私もそうですよ</u>。スタートは同じ。<u>それだけはご理解を</u>

T2：先生（= T1）とご両親の会話は、何も問題ないですよね。

T1：いやいや。こっちが言いたいことは言えないけど、向こうが言いたいことは何となしに。携帯も酷使して。<u>私もそうですよ</u>。（……）

T1：（日本語教室の）担当がしっかりしておけば良いことなんですけど、それだけぺらぺらぺら～みたいな感じに行かないのが、苦しさは、相当ありますよね

筆者：（外国籍児童の）人数が多いから

T1：人数もだけど、やっぱりそこでコミュニケーションがすらっと取れる。そういうのが。英語が堪能だったら、この苦労は大分軽減される気がしますよ。

【担任の先生 T2 に向かって】先生だって面倒くさいでしょ？はっきり言って。本当だったら、私が担任だったら自分の言葉で伝えられる（方がいい）。壁はあるんだけど、まず英語を介して、こういう風に（誰か介さないと）いけない。そこに誰か人がいてくれるって言っても（……）自分でぱって出来ないもどかしさって、常に感じますね？

T2：私は頼りっぱなしで、あまり悩んだことなく……。

　筆者がインタビューや参与調査を行った感想としては、担任教師が躊躇するのは、日本語を理解できない児童への対応よりも、日本語を使えない保護者への対応の方であった。その点について、日本語教室の教師は自分も苦労していることを再三繰り返し説明するが、しかし他の教師からは、それは日本語教室の役割であると頑なに見なされていた。次節では、日本語教室の教師の役割についてもう少し深く見ていこう。

4　日本語教室の教師の役割

　日本語指導の担当教員には、大別して４つの役割が期待されている（文部科学省 2019）。まず、①児童生徒の日本語学習、教科学習、生活面の適

応の指導・支援、児童生徒の代弁者となって居場所を拡大するなどの教育活動である。そのほかに、②学級担任と情報交換・共有を行い、支援対象の児童生徒の教育内容や方針を相談・連携すること、③外国人児童生徒の保護者への連絡や学校との関係づくりを促す、④教育委員会との連絡窓口の１つであることや、学校間連携や地域との関係づくりも求められている。

　実際、筆者の行ったフィールドワークでも、それら複数の役割をひとりで担っている様子が見られたが、その役割をひとりで担うことは、身体的にも精神的にも大きな負担を強いるものである。

4-1　児童の代弁者としての役割

　外国籍児童と日本人児童の間の学級トラブルは、まずは担任教師が問題解決を図る役割を担うものの、しかし日本人児童が大勢いる中で日本語でうまく説明ができない場合、外国籍児童の子供は日本語教室の教師へ相談することとなる。その相談も、筆者が参観した限りでは、すぐにするわけではなく、「もしかしたら自分の勘違いかもしれない」「日本人同士でもあることかも」と様子をうかがう時期を経ることが多い。そのうえで相談があったとき、教師たちはまずは事態の把握を試みるが、担任と日本語教室の教師のどちらが聞き取りをすべきかは状況によって異なる。以下の事例は、初任者教員のクラスでの学級トラブルに関する日本語教室の教師のコメントである。

〈事例6〉

日本語教室教師 T1：担任の先生（T4）もお若いし、私が中に入って言わせて貰うこともあって。ただ、最終的には担任がすべてを把握して。私が見ているのは、A君の訴えがあって、この子は悲しい思いをしよるなとか。外国籍ということで、周りの子たちは大目に見てくれているところも勿論ある。かといって、（外国籍児童が）言えないところは、私が彼らの口になってあげないと。その場で呼ばれたところで、周りの（日本人の）男の子たちが「やってない」って言ったらA君は何も言い返せないし。（……）「いけないいけない、中立の立場にいないと」って思うときはありますけど。最終的には中立的。

> 　（日本人児童に対しても）「あんたたちが同じことしても同じように先生は言うからね。外国籍だからって、先生はこっちを庇っているわけでも（日本語教室の）子供だから言ってる訳じゃないんよ。あんたたちが何も悪いことしてないのに、こういうことがあったら絶対教えてよ。先生が怒ってやるけんね。何でも言ってきてね」って（笑）。じゃないと、こっち（日本人児童）に不満ばかりためてしまうと、陰でするんですよね。
> 　筆者：外国籍の子どもだから<u>ら、</u>
> 　T1：<u>「どうせ言えないし」</u>。言っても、ね？自分たちが言ったことは有耶無耶にできるみたいな。私も悪い見方で見ているかも知れないけど、そういうことは絶対担任も見てもらって。
>
> 　　　　　　　　　　　　**※＿は、間を置かない会話を指す。**

　外国籍児童の代弁者となって問題を解決する際には、担任教師との連携が必要になる。その他にも、児童の指導計画や、いつ日本語教室からフェードアウトするかなどの見込みについても話し合いがもたれる。以下、担任との連携についてみていくが、今回インタビューをさせていただいた日本語教室の教師 T1 は、同じ A 小学校で普通学級の担任をしていた経験もあり、両方の立場から説明を試みてくれている。

4-2　担任との連携と日本語教室からのフェードアウト

　担任教師との日常的な連携は、日本語教室への取り出し指導の際に生じる。この小学校では、取り出し指導の必要な外国籍児童の日本語教室での指導は、曜日・時間が固定枠で確保されているため、各児童はその時間に日本語教室へ行けば良いのだが、原学級では日程変更や教科内容によっては 2 時間続けて授業がなされる場合もあるし、あるいは理科・生活科などでは天候によって時間割が変更になることもある。そうしたスケジュールの変更については「お伝えするようにはしています。2 回忘れた時があるけど、C 君自身が行かないといけないって分かっているので」（担任 T4）と、児童任せになっている点を担任は認めている。T4 以外にも、時間割変更を伝えるのを忘れていたという先生は複数見られたが、あまり気にしている様子はなかった。額賀（2003）も担任が失念していた場面を多く確認し

ており、それは国際学習教室が十分制度化されていないこと（周縁部にあること）の表れであって、「他の子どもと同じにみることを可能にしていた一つの要因」であると指摘する（額賀 2003:74）。児島（2001）も日本語教室は原学級の周縁に位置付くため、日本語教室の教師は担任教師の補完的役割と見なされることを指摘していた。

〈事例7〉

日本語教室教師 T1：どっちかっていったら<u>こちら（日本語教室）はサポート体制の方であって、担任は全体を見ているし</u>。本当だったら（外国籍児童の）「そこ」っていうところを担当としては見てもらいたいけれど、正直そんなに目が掛けられるかといったら、（担任は）そういう状況じゃないですよ。

　私が担任をしたとき、彼女（外国籍児童）にどれだけのサポートをしてあげたかと言ったら、「頑張ってるね」とか「ここ出来てるね」とかそういう風な声掛けをしてあげること、先生が認めてくれるとかそういうこと。<u>正直、あとは日本語教室の先生に全部お願いしていたし</u>。先生がここ（日本語教室）で何をしているかとか、そんなに（気にしなかった）。先生がこの子のことを考えてやってくださることだから、ね、お願いしていたし。本当だったら聞きに行って、こうしてああしてとか（協議が）あって良かったかも知れないけど、そこまでできなかった。

先ほど、T1 は日本語教室担当の立場から担任と協議すべきだが余裕がないことを述べていたが、自分が担任だったときの記憶から、担任教師からも日本語教室の教師に対して相談・話し合いをすべきであるが、しかし同様に余裕がないことを指摘する。また、学級担任の時には気づかなかったこととして、提出物の課題について触れることが何度かあった。

日本語教室教師 T1：私が担任していた時、お知らせ関係のサポートを全然しなかったんですよ。だけど、いまこうして日本語指導で、大事なお知らせがきちんと相手に伝わっているかとか、ましてや全くもって英語対応の（保護者には）これは大事な文書なのかとかそういうことから分からないか

ら。いろんなことを英語でお知らせして。いっても難しいんですけどね。だけど、これは提出してくださいとか、こういうことがあるから準備してくださいとか。そういうことについては、やっぱり、<u>担任はそんなところまでは見てないと思います</u>。（日本語教室で）連絡袋を見せてって言ってみたら、途轍もない前の（お知らせの紙が）いっぱい。……<u>日本語指導って、日本語を教えるだけじゃないと思うんですよ。生活のサポート</u>。あと、親に周知しておかないといけないこととか、提出物とかも。

　日本語教室の教師の役割の１つに保護者との連絡係があったが、それは連絡帳に日本語で書いて済む話ではない。学級で配布される日本語で書かれた膨大なプリント類は、保護者に渡ることなく児童の机や連絡袋の中にたまっていくこともあり、保護者に渡ったとしても（教育熱心な親であっても）どれが重要で提出すべき書類であるかを判断することは、日本語を母語としない保護者には難しい。

　筆者が日本語教室でフィールドワークをしているとき、児童に連絡袋をもってこさせて、日本語学習と並行しながら束となった配布プリントを仕分けする日本語教室の教師の姿を何度も見た。学外行事のお誘いや期日の過ぎたもの、その児童・保護者の関心に沿わないものと、これは目を通した方が良いと判断したものを分けて、児童にその２種類の説明をして不要なものは「捨てていい？」と確認したり、提出すべきものには英語での説明を記した付箋を貼ったりする。

　小学校では緊急時の引き渡し訓練や避難訓練などがあり、その際に保護者が迎えに来るのか来ないのかを教員は把握しておかねばならないし、個人懇談会のお知らせについても、返事がない場合は催促し、場合によっては前日に念押しをする必要もある。A小学校では、日本語の通じない保護者への対応は日本語教室の教師が担当するようになっており、「普通だったら担任が（保護者へ）連絡するところだけど、完全に英語対応だから、その窓口を全部やらないといけない（……）<u>誰も知らない</u>。この（対応の大変さ）、ね。」（T1）と説明する。

　さて、基礎的日本語が大分身についてくると、子供へ取り出し指導をす

る必要がなくなってくる。上記で見たように、児童にとっては複数の居場所・相談場所があることが安心感をもたらすが、しかし教室の中でついていけるようになると2つの意味で日本語教室からフェードアウトする必要がある。

　まず第一に、本人の授業内容の理解を妨げる恐れからである。取り出し指導によって、その1時間に原学級で行われた指導内容を、子供は改めて勉強する必要が生じる。そのため、日本語がある程度できるようになった子供たちに「どっちにする？」尋ね、子供が「教室で勉強する」と意思を示し始めたら、まずは教室の中で入り込み指導をしてサポートをしてみて、助ける必要がないと判断されれば、「もうあなたは大丈夫」と日本語教室からフェードアウトさせる。

　第二に、日本語教室の定員の問題がある。「日本語指導は、本当だったら、みんなにそのレベルに合わせてやってあげたいけど、どうしても優先順位がついてしまう。ある程度日本語が出来るようになったら、あとは。じゃないと、日本語教室が満杯になってしまうでしょう？（……）ここは、ある程度になったら出していくところじゃないと。次から次に入ってくるし。」（T1）というように、後続する外国籍児童への対応のためにもフェードアウトして貰わないと日本語教室が機能しなくなる恐れが生じるためである。

4-3　保護者への連絡係

　担任教師が保護者とやりとりができる場合は、日本語教室の教師は担任にお任せするが、それが困難な保護者に対しては一手に引き受けることとなる。親自身が英語圏出身ではない場合も多く、メールでのやりとりは「時間掛かるけど、だけど伝えたいことがアプリとかで貼り付ければ良いから。直接話すと『分からない』って言われたら、そこからどうする？みたいな。言い換えても分からないときは諦めるしかない」（T1）ことから手助けになる。ただし、「良し悪しというか、メールがあると、仕事が本当にずーと夜とかにも来て」（T1）と保護者から時間帯を選ばずに連絡が入り続けるというデメリットも起きうる。この日本語教室の担当教師は「（教員になって）普通、これまで携帯をずっと持ち歩くことなんてなかっ

たけど、これが仕事道具なんですよね」とスマホなしの仕事は考えられないという。

　先ほど、日本語教室の教師は外国籍児童の「生活のサポート」も担うことをT1は指摘していたが、そのサポートがどこまで及ぶかという境界線は設定しにくい。たとえば、A小学校の日本語教室の教師は、外国籍児童の家庭訪問を頻繁に行い、学校生活で必要な事項について説明をしているが、保護者に「先生が（代わりに）やってくれ」と言われてしまうこともある。時にはゼッケンを体操服につけることまで任されるが、筆者が「そこまでですか？」と尋ねると、「そこまでですよ。でもそれやらなかったら、『わからない』でそれで終わるんですもの」と、結局は児童が困る結果になるだけだと指摘する。「（教師の仕事の範囲の線を）引いてもいいけど、切り離したところで（保護者は）出来ない。それをするのが私の仕事だなっと思ってて」と言うが、それは必ずしも学校対応として期待される役割ではない。

〈事例8〉
日本語教室教師 T1：校長先生に言わせれば、あんまりやり過ぎるのも良くないって。日本語を親も勉強しないといけないって。でも、私はそれを聞きながら、「無理だろう」って（思う）。無理だろう！って。私が今英語を勉強してそっちに近寄って行ってる歩みを止めてはならないと思うんですよね。それはそれで私がもっとスキルアップして、あの人たち（外国籍の児童の保護者）ともっと話しができる状況に持って行かないといけないと思うから。『私に合わせてください、日本語で』と私は親に言わない。

　あいうえおのローマ字対応表を渡したところで、じゃあ、学校の文章が読めるかと言えば、そんなの絶対無理だし。私は、『翻訳のアプリがあるからこうやったらできるんだ』よって（……）あぁいうのを教えたりとか。

　どこまでやったらいいのかなって、キリがないっちゃ、きりがないけど。1個（英語で）文書つくって（保護者に）判断してもらえれば。それを作ったことで、次の年度、次の人にも引き継いでいける財産になるから、それは作っていってるんですよね。

　以上、インタビューデータを通して日本語教室の教師の仕事内容の無限定性を見てきたが、教育熱心な親であっても言語の壁は大きく、また文化

的背景が異なるために日本人からみれば非協力的に見える保護者であっても、それを責めたところで児童にとってプラスに働くことはない。そのため日本語教室の教師は「キリがないっちゃ、キリがない」「本当に手が足りない」状態で日本語教室の役割を担っていた。

5　日本語教室の教師への負担＝解決すべき課題

　日本語教室担当教師への負担は、しかし担任教師たちからは見えにくく、インタビューの際にも日本語教室の教師はそれを担任たちに訴えるようなことはなく、むしろ担任が主であって自分は副であるというスタンスを守っているように見えた（事例6、7参照）。日本語教室の教師にとって最も大きな負担は、1つは保護者対応と窓口業務であり、もう1つは教材づくりであったが、最後にこれらの点についてみておこう。

5-1　保護者対応
　日本語教室の教師が、膨大な仕事を抱えている状況の一因は、通訳作業をひとりで引き受けていることにあった。それならば、地域の中で通訳ボランティアができるひとを学校に招くことも考えられるが、学校から保護者に伝えたい内容には、子供の成績、学校生活で教員が困っていること、児童・保護者に直して欲しいこと、あるいは児童の病気の話など個人情報に関するものが含まれることを考えると、実際のところそれは難しい。
　T1は「自分から（日本語教室の担当を）やらしてくださいって（言う）勇気はなかったと思いますよ。ここをやるっていうのは。**ひとり職だし、誰もそれを知らないし、何をしているか分からないから答えはないし。（前任者からの）引き継ぎもないから**」と苦しい状況の背景を説明する。
　また、担任T2に「研修ってあるんですか？」と聞かれたとき、「ない。日本語教室の担当になって研修を受けたことなんて一回もないです。校内はないですね、もちろん。でもいま（外部機関である国際交流協会の研修情報を）回しています。私もここ（＝A小学校）6年目ですけど見たことない。」と、校内に研究資源がないため、個人的に学外ので研修に応募しなければならないという。教職キャリアを積み重ねてきて「それだけのス

キル、いろんなものを身につけてきているけど、さらに全然やってないことを乗せていかないといけない。まぁそれが自分のレベルアップにつながっていると思う。けれど、これ（日本語教室担当）に出会ってなければ、私、こんなことしてないよねって。試される気がしますね。」（T1）と、日本語教室の仕事がこれまでの教職にはない新たな業務であることを指摘する。

日本語教室教師 T1：みんなに回ってくる仕事じゃないですよ、はっきり言って。人を選ぶと思う、ここ（日本語教室）は。

担任 T2：そりゃそうですよ（賛同）

T1：誰もが出来る仕事じゃないです。（……）（前任者も）校長に「次は誰がやるんですかね」って。それでずーっと7年彼女に任せていた。でも彼女も（A小学校を）出ないといけないし。どうしたらいいのだろうかって課題がある中で……。どうせやるなら、私が（この小学校で）残された期間は短いので早く始めて、いろんなことをね、システム化とか、いろんな繋がりをつくってあげて、次に引き継げるようにできとったらいいかなと思って。限られた中でやるんですけどね。

　誰でも出来る仕事ではなく、業務内容の線引きも曖昧な中で、日本語教室の教師が仕事をしやすくなるためには引き継ぎが円滑に行われることが要となる。

5-2　教材づくり

　日本語教室の仕事の中心は、もちろん日本語の指導にある。「誰が何をどのように教えても構わない」と言われていたかつての状況を改善するために、文科省を中心として外国籍児童のための教材等がインターネット上でダウンロードできるなど、教材・資料も手に入りやすくなってきた。しかしまだ使用しにくい面もあり、日本語教室の教師 T1 は外部機関の研修会に出ては、他の地域・学校ではどのような教材が使われているかと情報を収集していた。

　本来であれば、自分の担当する児童に応じた教材づくりを自分でしたい

ところであるが、しかし「末端の私たちがする仕事ってすさまじい対応しないといけないことがある。教材研究だけに明け暮れられないくらい、対応しないといけないことがあるし、行政（対応）ももちろんある。保護者にお願いしなくちゃいけない文書類もある。提出して貰ってそこからまた、繋いだりとか。本当に雑多な仕事がある中で、じゃあ教材をって言っても。（ウェッブ上の日本語教材である）カスタネットの教材とか（打ち）出して。（でも）あれも中途半端なんですよ。案外すらっと終わるから。」（T1）と、常に、子供にあった教材を求めて悩んでいる様子であった。

日本語教室教師 T1：私たちが大変だと思っていることに対して、「学校サイドでやってよね」じゃなくて、そこを指導して貰うとか。教材とかだって、向こう（＝教育委員会）から示して貰うべきものじゃないかなって思うんですよね。レベル別のものを作って貰って、これを使ってくださいって。そういうことだって、本当にみんなが悩みながらやっているところで、前任者の日本語教室の教員が言っていたんですけど、やっぱり聞いて貰うというか、そういう情報交換の場すらない。校長先生もそのことについては、ずーと、再々、（市教委の）訪問があるときは必ず日本語教室を見せてそういう要望を伝えているんですよね。ここ、日本語教室は、みんなそれぞれ違うと思うんですよ。みんなそれぞれ「これでいいのかしら」って言いながらやってるんじゃないかなって思うんですよね。県によっても全然違うと思うし、先進的なところがあれば、そうじゃないところ、市教委も手つかずで学校任せのところも、もしかしたらあるんじゃないかと思うんです。

5-3　新たな課題への対応

　広く日本各地で使用できる多様な教材が取り出せる環境や、引き継ぎシステムの整備などの課題は切実であるが、さらに今後増えるであろう課題として、外国籍児童の発達障害の問題への対応（システムづくり）についても担任教師と日本語教室の教師から語られていた〈事例9〉。

　日本語が不自由であることに加えて、発達障害等を抱えている児童の場合は、保護者への連絡についても日本人以上に「かなり慎重に対応していかなければならない」（T5）という。これから増えるであろうこうした課

〈事例9〉

担任 T5：日本語教室の先生から、発達障害のあるお子さんを抱えた親御さん向けの英語で書いてあるパンフレットを見せて頂いたんですけど、見ると母国で診断されてからこちらに来るお子さんを対象にしたものかなって。特に、就学期に来るとまだ判断がつかない。母国の教育がそこまでいってなかったら、発達支援系の研究がそこまでいってなかったら、そんな診断名がつかないままに日本にやってきて、日本でひょっとしたらそうかな？って思っても、それを親御さんにどう伝えていくか、どんなふうにしていったらいいか分からないので。でもそれは今から先、増えると思うんですよね。だから、こちらで判断がつかないときとか、疑いがあるときに、どんな風に医療機関とかと係わっていけるかというの（＝指針）があると良いと思います。今後のことを考えると。

　発達障害的なところがあるのか分かったら、専門の方と相談できたり、もし支援がついたら違うアプローチがあるんじゃないかと。

題への対応も含めて、現在、散在地域の日本語教室の教師は「人のサポートはするけど、自分へのサポートはない」というのが実情であろう。その改善について、今後、具体的指針を示せるような実証研究が早急に進められねばならない。

　また、これ以外にも、やる気のない外国籍児童の問題もある。「（外国籍児童は）数年で帰るのでと言われたらそうですけど、でもその数年の間に全部背負うのは私たち」（T5）であり、日本語教室の教師も「教室にいる時間がすごい長いので負担は大きいと思います。なにせ日本語指導で抜くのは1日1回しかないので、児童が意欲を持って、その教室の中で学ぶという姿勢をもたない限りは、ここ（日本語教室）のなかでちょっとやったところで。」と原学級の担任教師の苦労について触れていた。

　さて、本章では、散在地域の日本語教室の役割と課題について、フィールドワークと教師へのインタビュー調査からできるだけリアリティを損なわないように描くことを目的としたが、教師間でも「大変そう」と見られながらも、日本語教室で何が行われ、担当教師がどれほどの負担を背負っているのか「ひとり職」であるために見えない様子が指摘できた。それは、

日本語教室担当の T1 自身が、自分も学級担任だった時は同様に「全部お任せ」していたと指摘するように、学校の中には「担任が主で、日本語教室は副」であるという教員文化があるためであろう。日本の教師の仕事内容は無限定性を特徴とするが、そのなかでも日本語教室の仕事内容は引き継ぎのなさ、担当経験者の少なさ、情報交換の場の乏しさに加え、学校・地域の実情に依るところが大きいため一般化が困難であることから、尚一層、仕事内容の線引きは難しい。また、今後、教材問題や保護者対応だけでなく、発達障害等の課題を抱える子供・保護者への対応、やる気のない児童生徒に対する担任と連携した援助の仕方、あるいは校内に限らない地域・他機関との連携のあり方など喫緊の課題についても解決に資するような研究が求められだろう。

（田中理絵）

注

1) ニューカマーと教育に関する先行研究のまとめは志水ら（2014：148-153）が「マイノリティと教育」のなかで系統立てて行っているのでそちらを参照のこと。

2) こうしたことから、現在、「外国にルーツをもつ児童生徒」という総称が広く用いられている。日本語指導が必要な日本国籍の児童生徒は、2007 年で 4,383 人だったが、2018 年には 10,274 人（うち海外からの帰国児童生徒は 2,396 人で全体の 24.9%）と年々増加。なお、2018 年の外国籍児童数は 93,133 人であり、そのうち日本語指導を必要とする児童は 40,485 人（43.4%）で、実際に受けているのは 79.3% である。

　なお、「特別の教育課程」による日本語指導とは、義務教育諸学校において、日本語指導が必要な児童生徒について、当該児童生徒の在籍学級以外の教室などで行われる特別の指導であって、指導の目標及び指導内容を明確にした指導計画を作成し、学習評価を実施するものを指す（文科省 2016）。

引用文献

児島明「ニューカマー受け入れ校における学校文化『境界枠』の受容：公立中学校日本語教師のストラテジーに注目して」『教育社会学研究』第 69 集、東洋館出版社、pp.65-83

志水宏吉・高田一宏・堀家由妃代・山本晃輔 2014「マイノリティと教育」『教育社会学研究』第 95 集、東洋館出版社、pp.133-170

額賀美紗子 2003「多文化教育における『公正な教育方法』再考：日米教育実践のエスノグラフィー」『教育社会学研究』第 73 集、東洋館出版社、pp.65-82

文部科学省、2016,2019「日本語教育が必要な外国人児童生徒の受け入れ状況等に関する調査」

文部科学省、2019『外国人児童生徒受入れの手引き』（2019 年 3 月改訂）

第九章
日本精神・台湾魂
キリスト教ナショナリズムを例として

1　はじめに：戦後「教育勅語」の行方

　周知の通り、明治憲法発布の翌年（1890 年）、日本政府は、学校教育に
よって国民道徳の基本を示すこととした。同年、政府は教育の理念を明ら
かにするため、「教育に関する勅語」（以下、「教育勅語」）を発布し、近代
日本の教育を規定することとしたのである。しかし、太平洋戦争に敗北し、
GHQ が占領していた間の 1947 年（昭和 22 年）に改めて学校教育法を制定
したことに伴い、その翌年（1948 年）の国会においては「教育勅語」に対
する失効宣言が採択された。

　その一方、南台湾にあった「東方商工専科学校」の校訓は、なんと戦前
の日本の「教育勅語」を採用していた。なぜそうなったのかの理由は、そ
の学校の創立者兼学長である許国雄（1922–2002）の出身と深く関わって
いると思われる。許さんは日本植民地時代に生まれ、十九才で本土の九州
高等医学専門学校（現・久留米大学の医学部）に進学したが、戦後の 1945
年（昭和 20 年）に台湾へ戻った。その二年後の 1947 年（昭和 22 年）に、
台湾社会では 2・28 事件が起き、許国雄の父親は国民党政府の官憲に虐殺
されたが、彼自らは九死に一生を得た。つまり、許国雄は台湾社会におけ
る日本語世代であり、「教育勅語」の真義をよく理解している人々の一人
であると言える。

　1972 年（昭和 47 年）、許国雄は台湾省教育理事長に就任したが、同じ年
に日台の国交は断絶した。両国の交流により深く関わるため、許国雄は教
育交流の名目を掲げて「日華教育研究会」を組織し、熱心に日台間の親善
関係を促す活動を始めた。

　親日家とも言える許国雄はかつて日本の教育を受けたことを自慢してい

た。1948 年（昭和 23 年）に日本の国会が「教育勅語」を廃止したことを、彼は残念がりながら、教育勅語を復活すべきだと言っている[1]。

「教育勅語」の具体的な内容は、一語で言えば、家族また国家への思いに基づく、仁義忠孝を中核とした儒教的な考えを示すものであった[2]。よく考えてみると、「教育勅語」の中身は、日本の伝統的な武士道がもっている道義的精神およびそのしきたりに似ている部分がある[3]。

1889 年（明治 22 年）の大日本帝国憲法の発布に伴い、国民精神を統合するために、翌年の 1890 年（明治 23 年）に「教育勅語」が渙発された。そもそも、大日本帝国憲法の発布は 1881 年（明治 14 年）に起きた「明治十四年の政変」による「国会開設」と深く関わっている。「明治十四年の政変」は北海道官有物払い下げ事件によるものであり[4]、またその裏には明治以来の「自由民権運動」も関連していた[5]。

「自由民権運動」は、その字面から読むと、デモクラシー、また「人権啓発」などのニュアンスを思い起こさせるものである。しかし、それが意味することは、明治維新から十年あまりの間、旧士族には一向に政治参与の権利が認められなかったということであった。しかも政治に参加できないばかりではなく、集会の自由や結社権などという政治的権利も失ってしまった。そのうえ、憲法も国会もなく、政治について自由に発言する権利などの市民的自由も認められないというのが、当時の国民の置かれている状況だったのである。その一方、国民には、租税負担や徴兵義務が課せられている。そして国家という概念がしばしば強調され、人びとが愛国心をもつことが奨励された[6]。

前述してきた 1880 年代から 1890 年代にかけて、自由民権運動や、明治十四年の政変（1881 年）、また帝国憲法発布（1889 年）、そして「教育勅語」の渙発（1890 年）など、政界における一連の動きから、近代日本の知識階級は大きな衝撃を受け取ってきた。このために、政界と直接関わりを持っていない知識人たちさえもが、これから日本の針路はどうなるのだろうか、と深く悩んでいる。民権と国権の関わりについて、近代日本におけるエリート階層は、ずっと模索していたのである。1895 年（明治 28 年）、日清戦争の結果、台湾は明治日本の新領地になった。台湾の若者は日本の教育を受け、かつての日本社会におけるエリート階層の考えていた事も直

接的、または間接的に受け継いでいった。

　しかし、1945 年（昭和 20 年）、日本は太平洋戦争に敗北し、無条件降伏をして、植民地台湾を放棄している。それまで「教育勅語」のもとで日本の教育を受けてきた台湾の人たちは、かつて持っていたそのアイデンティティをどうやって築き直したのであろうか。

　台湾社会における日本語世代の中間階層は、近代日本の知識人の言動の影響を受けていることがよくある。そして先に結論を言ってしまうならば、そのアイデンティティはいつの間にか台湾社会の価値の中に入り込み、潜んでいるのである。本論では近代日本の無教会派キリスト教を通し、特にそのクリスチャンたちが日本の針路、及び民権や国権の問題に対し、どのような考えを抱えていたのか、さらに、当時植民地であった台湾の若者にどのような影響を与えたのか、また日台関係におけるその歴史的繋がりとはどのようなものなのかを、解明しておきたい。

2　明治クリスチャンの悩み

　無教会派、また無教会主義に言及するにあたっては、まず内村鑑三（1861－1930）を挙げなければいけない。赤江達也氏の研究によると、内村鑑三はまさに「無教会」派の震源的存在である。彼は明治半ばから昭和初期にかけて活躍していたキリスト教の著述家、また伝道者、及び思想家である [7]。内村鑑三の生涯は、まさに、日本が長い鎖国の状態から抜け出し、欧米の文明を吸収しながら、近代国家として歩むプロセスと時代を共にしている [8]。

　内村鑑三は若い時、札幌農学校に進学した。彼は西洋の科学や宗教など、いわゆる西欧文明に接し、さらに四年に渡り米国で留学した経験もあり、東西両方の文化を深く洞察することができた。欧米文明が日本に伝わるとき、その神髄であるキリスト教は、神道の国である日本でどのようにしたらうまく移植され得るのか、彼は生涯をかけて悩んだ。内村鑑三は士族階級の出身であり、札幌農学校に入学していた 1877 年（明治 10）は、ちょうど西郷隆盛（1828－1877）が西南戦争を起こした年であった。若い内村鑑三は、武士の栄光がすでに終わったということをまさに目の当たりにし

たのでる[9]。

　一方、彼の心の底には、まさしく夏目漱石（1867 - 1916）がその大作『こころ』に描いた通り、「儒家の家へ切支丹の臭いを持ち込むように」という思いがあった[10]。このような違和感や何とも言えない悩みを生じたのは、内村鑑三だけではなくて、同期の人々も同様であった。例えば、同級生の新渡戸稲造（1862 - 1933）もよく似た感情をもっている。彼らは、かつて日本社会の真髄であった武士道と西洋の神髄であるキリスト教に、どのようにしたら接点をもたせられるかを常に考えていた。1900 年（明治 33 年）、新渡戸稲造は『武士道』を海外で出版し、その後内村鑑三は 1916 年（大正 5 年）に「武士道と基督教（Bushido and Christianity）」の一文を発表する[11]。

2-1　サムライ・キリスト者の岐路

　1899 年（明治 32 年）12 月、新渡戸稲造は一年をかけ、『Bushido: the soul of Japan（武士道：大和魂）』を書き、アメリカで出版した。「武士道」とは何かと問うならば、一語で言えば、武士の子が幼いころに素読で培った儒学の知識の名残りであった[12]。新渡戸は武士の子として生まれたが、その六年後に時代が変わり、もう武士の世ではなくなったため、新渡戸は「開化の子」になった。キリスト教思想に満ちた英文の教科書を学ぶうちに、新渡戸のようなその年頃の少年たちはしだいにキリスト教への関心をもち始めた。それはキリスト教禁制を廃止されて間もない時期だった。

　1889 年（明治 22 年）に「大日本帝国憲法」が発布され、その第 28 条に信教の自由を保障する規定があり、キリスト教の信仰は鎖国して以来、ようやく解禁されることになったのである。

　少年時代の新渡戸稲造は東京外語学校および札幌農学校で学んだ後、1881 年（明治 14 年）に開拓使御用掛り、その後は母校の教員を歴職した。1883 年（明治 16 年）に新渡戸は改めて学校に戻り、東京大学に進学し、その翌年（明治 17 年）さらにアメリカに渡り、三年間米国のジョンズ・ホプキンス大学（Johns Hopkins University）で勉学した。アメリカで新渡戸稲造はキリスト教のクエーカー（Quaker）教徒になった。1887 年（明治 20 年）から 1890 年（明治 23 年）までの三年間、新渡戸はドイツに留学し、

ベルギーの高名な研究者を訪ねるなどして、西洋農学に関する学問を身につけた [13]。

　1891 年（明治 24 年）、七年間の欧米留学を終えて、新渡戸稲造は新婚の妻メアリー・エルキントン（Mary・P・Elkinton、新渡戸真理子）とともに帰国した。まず、母校札幌農学校の教授として、新渡戸は研究の仕事をし始めたが、そのうち体調が崩れ、暫く療養生活を送るために、1897 年（明治 30 年）にすべての職務を辞した。新渡戸稲造は、はじめは伊香保で療養したが、後にはアメリカのカリフォルニア・モントレーに移動し、1899 年（明治 32 年）に英文版『武士道』をアメリカで出版した [14]。1901 年（明治 34 年）、台湾総督府民政長官後藤新平に誘われ、新渡戸稲造は病体を療養しながら、一年間、民政部の殖産局長心得として働いた。

　新渡戸稲造が英文版『武士道』を執筆した動機には、実は一つのエピソードがあった。かつてドイツに留学していた時、新渡戸はベルギーの高名な研究者ド・ラブレーを訪ねた。その二人が散歩していた時、宗教に関する話題に触れ、「あなたのお国の学校には宗教教育はない、とおっしゃるのですか？」とベルギー人教授に聞かれた。新渡戸はその場で即答できず、ただ「ありません」としか言えなかった。「宗教なし！どうして道徳教育を授けるのですか？」と教授が呟いて繰り返した [15]。このできごとをきっかけとして、おそらく新渡戸はずっと自問し続け、もし主導的な宗教がなければ、日本社会の道徳教育はないのかという問いを追究したうえで、ようやく気付いたのが、ほかでもない日本在来の「武士道」であった [16]。

　一方、新渡戸稲造は札幌農学校時代に親しかった親友である内村鑑三とはいろいろな点で対照的な存在であり、特に「神」に関する、つまり信仰に関する点でそれは顕著である [17]。キリスト教が大きな影響力を持つ欧米を前にして、内村鑑三の考えは新渡戸稲造の考えとはまったく異なり、「武士道そのものに日本国を救う能力はない」、その真髄は「亡びつつある」 [18]、と実感していた。つまり、今後の日本は武士道の土台にキリスト教を接ぐ道しかない。日本社会の文明開化はまさに、キリスト教が武士道に「接ぎ木」されることであった [19]。その論理的な根拠は、1928 年（昭和 3 年）に内村が『聖書』の「ピリピ書」（the Philpi）の四章八節を引用し

ながら、説明している。それは次の通りである。つまり、「基督教は神の道であります。武士道は人の道であります。神の道は完全であって、人の道は不完全であるは云うまでもありません。そして人の道は神の道に似寄るだけ、それだけ完全なるのであります」[20]。

　内村鑑三自らの信仰に関する歴程は、かつて三度も転換した[21]。まず、1878 年（明治 11 年）、彼は日本在来の多神教から一神教へ転換して、エホバを天地万物の創造主なる神として信じた。その次は、1886 年（明治 19 年）に米国アマースト大学（Amherst College、1821 –）で学んでいた時、十字架による罪の贖いを認めた。最後に、1918 年（大正 7 年）に、彼はキリストの再臨を確信した[22]。

　その中で内村鑑三がとらえた問題意識は三つある。それらは、いかなるキリスト教が人類を救うか、キリスト教と進化論との関係、及び日本国の天職とは何か、などの三問である[23]。関根正雄氏の研究によると、内村鑑三が常に考えていたことは、神の前に立った一人の人間としての課題、すなわち国家の一員として、また人類の一員として果たすべきことは、いったい何なのかということである。彼は生涯かけて求めたその答えを、以下のように自分の墓碑銘に書き残した。

> I for Japan;　われは日本のため、
> Japan for the world;　　日本は世界のため、
> The world for Christ;　　世界はキリストのため、
> And all for God.　すべては神のため[24]。

　1890 年（明治 23 年）、明治政府は「教育勅語」の形式で、時間や空間を超えた近代日本の国体観、またその臣民観という、日本にとって妥当だと考えられる真理を宣言し、その謄本を各学校に強制的に配布する[25]。その最も大きな理由は、文明開化に際し、明治政府が欧米を真似して、憲法を制定しようとした時に、その基軸を確定しないといけないと伊藤博文が判断したことである。もし、キリスト教が欧米社会の基軸ならば、日本社会の基軸の役を果せるのは天皇制であると伊藤は考えた。枢密院議長であった伊藤は、「わが国に在りて機軸とすべきは、ひとり皇室あるのみ」

と断定している[26]。

　1890 年（明治 23 年）、新渡戸稲造が、日本社会はどうやって道徳教育を授けるか、とベルギーの高名な研究者に聞かれ、即答できなくて悩んでいたのと同じ年に、日本政府は「教育勅語」を発布した。しかし、明治政府が天皇を神格化した意図は、キリスト教の一神教信者にとって、不都合なことである。それが翌年 1891 年（明治 24 年）、新渡戸の親友である内村鑑三が「不敬事件」を起こした根底にある。それ以来、内村鑑三は「無教会」を主張し続けることになるのである。

　とても興味深いことに、前述したように、1899 年（明治 32 年）に新渡戸稲造が英文版『武士道』を公表したその翌年（1900 年）、内村鑑三が雑誌『聖書之研究』を創刊している。しかしながら、関根正雄氏の研究によると、内村が明確に「無教会」の考えを主張したのは、1901 年（明治 34 年）3 月 10 日に発行されたパンフレット「無教会」だった。内村鑑三が提唱した「無教会」というのは、プロテスタンティズム（Protestantism）における「人は信仰のみによって救われる」という原則を徹底することにより、「教会」という党派主義、及びその硬直的制度を克服することである[27]。

　その第一号の「無教会論」という論説では、「『無教会』は教会のない者の教会であります。（略）」と述べている[28]。内村鑑三が主張する無教会主義の教会というのは、すなわち聖書に述べる真実の教会であり、しかも純日本的なものである[29]。かつて宗教改革の先駆者ルター（Martin Luther、1483-1546）は、カトリック教会に対して、プロテストとして聖書の信仰を力強く打ち出したが、洗礼や聖餐などという教会制度はまだ保持している。内村鑑三はその不徹底さを鋭く批判する[30]。

　しかし、無教会主義を唱えるのは、内村鑑三が持っていた独自の考えであるとは言えない。当時欧米に無教会主義を主張するものはかなりあった[31]。内村は「無教会」の先行者でありながら、彼自らの著書『無教会主義の前進』の中で、デンマークの哲学家キルケゴール（Søren Aabye Kierkegaard、1813－1855）がすでに「無教会」の考えに言及していると述べている[32]。

　しかし、日本社会における「無教会」派は、あくまでも内村鑑三を創始者、また指導者として主体とする信仰運動になった。1930 年（昭和 5 年）

3月28日、内村は69歳でその生涯を閉じた。その遺言に従いながら、彼の死後には、雑誌『聖書之研究』は廃刊となり、また集会「聖書研究会」は解散した[33]。内村鑑三に代わる中心は存在しなかったが、その信仰を継承する伝道者、また信徒たちはそれぞれの場所で「無教会」派キリスト教を実践し続けた。つまり、「無教会」運動は多元的で分散的な宗教運動になったのである[34]。そして、1895年（明治28年）の日清戦争の結果、その種はまさに植民地台湾にまで蒔かれることとなった。

　内村鑑三の著作は明治から戦後にいたるまで、多くの読者を獲得し続けた。また、彼が提唱した「無教会」は、近代日本においては数十人の伝道者を輩出した。その伝道者たちの中で最も有名なのは、矢内原忠雄（1893－1961）である。前述した通り、無教会派キリスト教は公式的組織や教義を持たないのだが、矢内原の無教会主義に対する理解は、無教会運動のなかで比較的広く支持されている。赤江達也氏によれば、矢内原忠雄の理解における「無教会」の特徴は、一言にいうと、まずキリスト教信仰を純粋化させながら、日本のナショナリズムと結びつけ、そして世界に貢献し得るとする点、また、「無教会」派キリスト者は常に自らの使命であると思いながら、真理の預言者として語るべきであるとする点にある[35]。

　1910年（明治43年）、矢内原忠雄は東京第一高等学校英甲類英法科に入学した。それは第一神戸中学校の先輩川西実三（1889－1978）の勧めに従ったものである。矢内原は東京滞在中に、一高の校長である新渡戸稲造、また新渡戸の親友である内村鑑三に傾倒していた[36]。校長の新渡戸稲造はともかくとして、矢内原忠雄が生涯に渡り師事するもう一人の先生は、「無教会主義」を提唱する内村鑑三である。しかし、矢内原が少年時代からずっと内村先生を尊敬していたといっても、先生のそばで親しくふるまうほどではなかったようである[37]。1917年（大正6年）3月、住友総本店に就職したため、矢内原忠雄は暫く内村鑑三の聖書講義や講演などを直接聞いていなかったが、彼は就職先の新居浜で内村が発行する『聖書之研究』を購読し、内村の新説を追い続ける[38]。

　同年（1917年）10月、内村鑑三はルーテル宗教改革（the Lutheran Reformation）四百年記念を機に、彼みずからの「無教会主義」を「第二の宗教改革」と位置付けた[39]。1918年（大正7年）初頭から翌年の5月にか

けて、内村はさらに「キリスト再臨運動」を銘打ち、大衆に向かって伝道
活動を展開している。実は、その翌年（1919年）2月に、矢内原忠雄は『基
督者の信仰』を書きあげ、謄写版百部を印刷して同僚や親族に配っている[40]。つまり第一世界大戦を契機として、内村鑑三は、今後キリスト教
の可能性がどうなるか、またその中心は欧米から日本へ移動するのかと
いった、自らが考えていたことを、遠距離にしても矢内原にうまく伝えた
ようである。

2-2 キリスト・ナショナリストに変容

　1895年（明治28年）10月3日、名古屋教会牧師細川瀏（1857－1910）は
台湾征討戦争の最中に、軍隊慰問使として、ほか二人の牧師と共に台湾に
来ていた。細川は同12月19日まで、台湾に滞在しながら、当時の台湾社
会における英国スコットランド長老教会の宣教師たちと盛んに交流した。
1927年（昭和2年）、細川瀏は台湾領有初期の経験を「明治二十八年渡台
日記」として、『小鱗回顧録』[41]の後ろに添付し、自ら世に公表した。基
隆から旗津にかけ、及び澎湖の馬公まで、細川瀏の足跡がつくのは、主に
西台湾の平野にいる原住民族（平埔族）の集落である。なぜかと言うと、
当時台湾社会におけるキリスト教信者は平埔族が多かったからである。

　「明治二十八年渡台日記」の記事によると、1895年（明治28年）当時、
西台湾における礼拝堂は少なくとも十六か所ある。日本植民地時代に入っ
てから、台湾社会のキリスト信者はどのように、日本的サムライ・キリス
ト者、またキリスト・ナショナリズムを受けとめたのか、興味深いことで
ある。

　内村鑑三が創始した近代日本の「無教会」派は、台湾社会においては
「純福音」と称されている[42]。1932年（昭和7年）に成立した「台湾文芸
聯盟」のメンバーの一人である謝万安は、十九才の時にキリスト教に接触
し始めたが、それには彼の持っている信念とはどうしても相容れない不都
合な部分があった。そして、1920年（大正9年）、謝万安はあるきっかけ
で内村鑑三の主宰する雑誌『聖書之研究』を読み始め、「無教会」派信仰
の中に彼自ら及び台湾の位置付けをやっと見付けて、三十六才で洗礼を受
けて「平信徒」になった[43]。謝万安は内村鑑三と文通する一方で、「台湾

日日新報」にも投書し、台湾各地で『聖書之研究』を読む友を募集する。これをきっかけに、彼は台湾山地に宣教している井上伊之助と面識を持つようになった。1920年6月から8月にかけて、謝万安は井上を南台湾の嘉義まで誘い、お互いに内村鑑三が創始した「無教会」の信念を深く討議する。また、彼はほかの同好の士と誌友会を立ち上げ、聖書輪読や講演会などを常に行うようになる[44]。謝万安の記憶によると、それは「無教会」が台湾社会であげた宣揚の第一声である。つまり、「無教会」は南台湾から始まった可能性が高い。

次に、「無教会」を台湾社会に伝える役目を果たした、注目すべき鍵となる人物二人を紹介しておきたい。一人は台湾「高砂族の父」と呼ばれる井上伊之助（1882-1966）であり、もう一人は矢内原忠雄である。

2-2-1　井上伊之助

内村鑑三の大作を読みながら、求道する一人の台湾関係者、しかも山地教育に献身した者として、井上伊之助のことを挙げなければならない。井上伊之助が始めに台湾に宣教していたのは、1911年のことであり、新竹における原住民部落カラバイ社（現・新竹尖石郷嘉楽村）に入り、医療宣教を行っていた。それ以来、彼は戦後の1947年までに四回に分けて、台湾山地の原住民部落を中心に、キリスト教の教義を伝えている。

1922年（大正11年）5月、井上伊之助は賀川豊彦（1888-1960）を支援するため、二度目の台湾に来ていた。同10月、内村鑑三の「世界伝道協賛会」が井上の台湾宣教を支援し始めた[45]。内村鑑三の理解によれば、おそらく井上伊之助は台湾原住民の霊魂救済を生涯の仕業とする唯一の日本人であった[46]。確かに、井上のおかげで、1952年当時、阿里山のカラバイ社のほか、東台湾の花蓮ではタイヤル族の信徒数が七割を占めている[47]。

1907年（明治40年）、井上は聖書学院から卒業し、ヘフジバ・ミッション（Hephzibah Faith Mission）というアメリカからの宣教団体に入った。また千葉県佐倉市で伝道した時、内村鑑三の講演会に出席し、それ以来彼は信仰に関し、内村の指導を受けている。つまり、井上も「無教会主義」の考えに影響されている。その後、通常「高砂族の父」と呼ばれる井上伊

之助が「無教会」に対する思想を台湾社会に伝えたことは、ほぼ間違いないものと思われる。

『台湾山地伝道記』に掲載された「台湾関係来信」に限ってみても、カラバイ社の荘声茂、台北の許鴻謨（1906－1978）[48]・林正李・林正雄、羅東三星郷の徐煥章、台北県南港鎮の徐謙信（1917－2010）[49]、新竹の鄭連坤（1921－1988）[50]、花蓮の葉保進（タイヤル族・旧名イヤンタイン）[51]などの台湾社会における井上伊之助の知人たちが、戦後になっても井上と手紙のやり取りを行っている[52]。その外、例えば、角板山タイヤル族の陳忠輝牧師（1927－2004）[53]、東台湾ビナン郷南王村（現、台東卑南）の原住民廣田誠一[54]、また先に述べた嘉義民雄の平信徒謝万安との交流も変わることなく続けている[55]。

荘声茂は新竹長老教会の牧師であり、37年に平地教会に伝道した後、井上に従い、山地に開拓伝道を行っていた。台北の許鴻謨牧師は内村鑑三の『聖書研究』を読み、その無教会主義に十分な同感を持っている。彼は井上伊之助と手紙のやり取りを通し、日本の無教会主義に関する寄贈本を得られた[56]。

つまり、台湾社会における英国スコットランド長老教会の台湾人信者は、日本殖民地統治を契機として、いつの間にか近代日本の「無教会」の影響も受けていたのである。

2-2-2　矢内原忠雄

新居浜での就職から二十年後の1937年（昭和12年）10月1日、すでに東京帝国大学教授になっていた矢内原忠雄は、日比谷公園の市政講堂で「神の国」と題する講演を行った。矢内原が演説する二ヶ月前の7月7日、日中戦争が本格化し始めた。「神の国」の趣旨はなんと「日本の国民に向かって言ふ言葉がある。汝等は速やかに戦を止めよ！」[57]というものであった。これほど明確に「非戦」を訴えるのは、当時の言論状況において、相当例外的なものである。官庁また政界にとっては、かなり不都合な存在である。その結果に従い、12月1日矢内原忠雄は大学側に辞表を出さなければならない事態に陥ってしまった。いわゆる、戦争中の言論弾圧として、有名な「矢内原事件」である[58]。

147

天皇を現人神とする国体論が公式のナショナリズム言説として、盛んに語られるようになったのは、およそ 1930 年代からのことである。矢内原忠雄が語った「神の国」論は明らかに、キリスト教ナショナリズムを以て、戦前・戦中の皇国思想に潜ませた神道ナショナリズムに対抗していた[59]。

　矢内原忠雄はかつて内村鑑三のもとに集まった若者たちによって結成されたいわゆる「柏会」[60] の一人であった。彼の自著『内村鑑三とともに』によると、自分は活動のために、内村と交わりがあったが、それ以上は内村先生に接近していないため、内弟子ではない、と矢内原自らが主張している[61]。

　内村鑑三の令嬢ルツ子は、矢内原と同じ年の十九才だったが、1912 年（明治 45 年）結核病のために、同 1 月 12 日に世を去った。息を引き取る前後に、少しの苦痛も帯びない、その穏やかな風景が矢内原に大きな衝撃を与えた。しかも、内村は愛女の死に対する泰然たる心構いに震えている[62]。そのことが、矢内原忠雄がクリスチャンになったきっかけである。彼は初めて、世のなかに「抵抗する事のできない権威」を強く意識した[63]。赤江達也氏の研究によると、矢内原が打ち上げた「神の国」論が中核とするのは、すなわち信仰の個人性や内面性を大切にした「無教会主義」である[64]。

　矢内原忠雄は神国日本における天皇の神聖性に、より高次元の「絶対神」を打ち出し、日本という国家の基礎とすべきであることを訴えた[65]。矢内原の視点から見ると、天皇はあくまでも民族精神の統合者であり、国の指導原理を象徴する存在である。矢内原の考えによると、民族の中心としている天皇は日本社会に特有のものであり、その適用される対象はあくまでも日本民族に限定される。そのうえ、矢内原は日本の植民地統治における同化主義的傾向に対し、一応批判的な立場をとっている[66]。

　矢内原忠雄は生前、内村鑑三と個人的交わりを持っていなかったが、内村が掲げている霊性や知性を継承していた。彼は個人における純粋な信仰を追求しながら、常に「国家」、つまりナショナリズム的な感情を介して、日本社会を救済することを目標とする[67]。矢内原忠雄は経世済民に尽くすエリート精神を持っていたのである。

　矢内原はよく週末に自宅を開放し、伝道した。霊性や知性によって、先

師を独立的に継承するのは、「無教会」派の伝統である[68]。この特質は矢内原忠雄の言動によく見られる。矢内原は民本（デモクラシー）を認めるが、民本はよく衆愚政治に陥る。よって矢内原は、衆愚な現象を避けるために「無教会」精神を唱え、一切の権力は神にあり、民ではないと主張している[69]。1929 年（昭和 4 年）12 月、矢内原忠雄が伝道者として最初に出会った弟子は、台湾人青年の葉栄鐘と陳茂源の二人である。それはのちに内村鑑三の主唱した「無教会」が台湾社会に及ぶもう一つのきっかけとなった。キリスト教ナショナリズムが、その後台湾社会にどのような影響を与えたのかは、実に興味深いことである。

　1937 年（昭和 12 年）の夏、矢内原忠雄は『中央公論』に「国家の理想」を寄稿したが、ちょうど盧溝橋事件が起きた直後だったため、当局によって発禁とされてしまった。同 10 月、藤井武記念講演会のために、矢内原は「神の国」というテーマで、日比谷市政講堂で約二十分講演した。講演の内容は『通信』に登載されたが、その中で問題とされた言葉は次の通りである。

　　「今日は、虚偽の世において、我々のかくも愛したる日本の国の理想、或いは理想を失ったる日本の葬りの席であります。私は怒ることも怒れません。泣くことも泣けません。どうぞ皆さん、もし私の申したことがおわかりになったならば、日本の理想を生かすために、一先ずこの国を葬ってください」[70]。

　この内容を一目でみると、純粋な信仰上の言論であるが、どこに問題があるかと問われれば、おそらく「国を葬って」の言葉にある。矢内原忠雄自らが検討したように、やはり無教会主義と深く関わるそれしかない。かつての内村鑑三による「無教会」というのは、教会員にならなくても、クリスチャンになり得た。内村の門人でもある矢内原が、その「国を葬って」の言葉を使った裏には、無政府主義と類似したものがある、と当時の政府は考えていた[71]。世の中がどんな状態になっても平和の真理を守るべきだという近代日本における「無教会」派の考え方は、植民地台湾社会にも影響を与えることになる。

3 台湾社会におけるキリスト・ナショナリズム

　大正後半から昭和始めにかけて、日本社会では金融恐慌が発生したが、これが社会不安となるのは、思想また政治問題が起きてしまうことによる。矢内原忠雄の考えによると、帝国主義論の中心は、植民政策研究しかない。1927 年（昭和 2 年）、植民地の実証的研究をするために、矢内原はわざわざ台湾総督府や拓務省などの官署を通さず、台湾の知人に案内してもらい、台湾社会を視察してきた。その現地調査の成果が、『帝国主義下の台湾』という一冊になった [72]。

　その知人というのは、台湾議会設置運動の指導者の一人である蔡培火（1889 – 1983）だった。1920 年（大正 9 年）4 月、蔡培火は日本のプロテスタント・キリスト教界の指導者である植村正久（1858 – 1925）に師事し、洗礼を授けられてクリスチャンになった。植村正久の紹介で、蔡培火は日本社会の宗教界、学界また政界に、彼の人脈をどんどん広げて行く [73]。その一方、日本の宗教界、学界また政界も蔡培火や林呈禄（1886 – 1968）などの東京における台湾留学生、しかも台湾議会設置請願運動と関わる者と接触し始める [74]。

　蔡培火は植村正久を通して、しかも同じキリスト教の信者として、1924年に矢内原忠雄の所を訪ね、それ以来お互いに交流関係を結んでいた [75]。蔡培火の紹介を通し、矢内原忠雄は台湾民族運動の指導者である林献堂（1881 – 1956）[76]、またその秘書の葉栄鐘（1900 – 1978）[77] などとも知り合った [78]。矢内原忠雄は当時の台湾のエリート階級が主張していた民族自決運動や議会設置運動に対し、共感と支持を持っている。なぜかというと、やはりそれは当時の日本社会における自由主義論とも共通していたからである [79]。

　このような訳で、矢内原忠雄は台湾社会の民族解放運動と繋がっている。その『帝国主義下の台湾』は刊行されて間もなく、台湾総督府によって台湾への持ち込みを禁じられ、いわゆる禁書になってしまった [80]。

　1927 年（昭和 2 年）4 月、矢内原忠雄は台湾民族運動と関わりがある台湾文化協会に招かれ、各地で講演を行ったが、それは総督府警務局の監視

や地元民族運動急進派（左派）の妨害を受ける[81]。当時台湾における井上伊之助は矢内原忠雄とは面識がなかった。矢内原は内村鑑三の門下であると同時に、新渡戸稲造の薫陶を受ける新進学者であり、内村鑑三を慕う同志として、井上は台湾で矢内原と初めて対面した。残念なのは、この二人が会話している時、刑事が立会っていたらしいことである[82]。

　1929年（昭和4年）10月、『帝国主義下の台湾』が刊行された。その翌月から、矢内原忠雄は東京・大森の自宅で四人だけのメンバーから成る小さな家庭集会を持ち始めている。初期の出席者はなんと矢内原夫妻と台湾青年葉栄鐘、陳茂源（1903－1990）の二人である。林献堂の秘書である葉栄鐘は、東京の中央大学に留学していた。同8月、彼は台湾で矢内原忠雄と知り合って、その後矢内原の授業も聴講している。暫くして、葉栄鐘の紹介で、東京帝大法学部出身の検事代理として働き始めた陳茂源も矢内原忠雄の家庭集会に加入する。「無教会」派伝道また聖書研究としての活動という契機によるもので、矢内原忠雄は葉栄鐘、また陳茂源と出会った。つまり、彼らの出会いは、内村鑑三の信仰運動と関わりがあるのである[83]。それ以来、ほかの台湾青年も続々矢内原の家庭集会に加入した。その中には例えば陳茂源の弟陳茂堂[84]（当時東京帝大医学生）や、郭維租[85]（当時東京帝大医学生、1922－）、また張漢裕[86]（当時東京帝大経済学部助手担当、1913－1998）などがいる[87]。

　かつて、矢内原忠雄の家庭集会の最初のメンバーだった陳茂源は[88]、戦後の北台湾における「無教会」派活動の中心的人物である。彼は台湾社会における台北板橋の名望家族「林本源」の娘林芯（父・林熊祥）と結婚する[89]。「無教会」信仰を実践するために、彼は同じ「無教会」同好者たちと協力し合い、一時運営停止していた「林本源博愛医院（1909－1929）」を1953年に運営再開し、医療宣教をし始めている。1972年、都市計画のために、「林本源博愛医院」敷地の大半が公用道路に徴収されたため、運営停止した。

　その一方、南台湾の場合は主に雑誌『聖書之研究』の愛読者たちによって「無教会」集会が形成された。先に述べた謝万安を始め、その後王受禄（1893－1977）、蔡栄華（1874－1862）[90]、黄履鰲、そして林添水（1907－1982）などの四人を中心に、およそ四十名の同好を集めた「無教会」派の

集会が発足される。台南では忌避なしに、長老教会の牧師や信徒たちは「無教会」派の関係書物を読んでいる。台南の長栄女学校の元教師だった林添水は常に「無教会」派の著作を読み、読後に書き写しをして、暗誦しながら皆に伝えた。

　林添水は台湾台南に生まれ、中学を卒業した後、日本本土の早稲田大学予科に進学していたが、経済事情のために中退した。台湾に戻った後、彼は一時的に木工を職として生計を立てた。1943年（昭和18年）、林添水は元救世軍（The Salvation Army）メンバーで、かつて中国満州において社会奉仕の経験があった長野県出身の日本人女性赤羽千代と結婚する。林の信仰は無教会主義者の内村鑑三からの影響が最も大きかったが、それに加えてその門人である矢内原忠雄をも尊敬している。

　林添水からみると、矢内原忠雄はまるで「日本の良知」である[91]。矢内原忠雄はかつて講演会の聴衆の前に、「日本の理想を生かすために、一先ずこ理想を失ったる日本の葬りの席であります」と呼び掛けた[92]。林はその一席の話を聞いたとたん、心に大きな衝撃を受けた。林添水の理解によると、国家の価値はやはり学者（知識人）が社会における良知の役を果たせることにある[93]。

　矢内原が亡くなった時、林添水は『感恩記』を発表したが、日本聖書学者黒崎幸吉（1886-1970）は、それは矢内原を偲ぶ文として最も感心すべきものであると評している。かつて同じ内村鑑三の流れを汲む「無教会」精神に立つ、高橋聖書集会の主宰者であった高橋三郎（1920-2010）[94]は林添水を「台湾教会新たな歴史の第一ページ」と高く評価した[95]。

　台北教育大学台湾文化研究所教授何義麟の研究によると[96]、林添水の傍に同じ長老教会の信者である王英忠（1928-）という宣教師がおり[97]、陳茂源の弟子である涂南山（1925-2015）[98]などとともに、矢内原忠雄の神学的著作を翻訳し続けている。1986年「台湾福音書刊編訳基金会」の成立によって、戦後七十年過ぎても、矢内原忠雄という人間とその精神を、台湾社会は依然として忘れていない[99]。1965年から2009年にかけて、矢内原の神学的著作、またその人生経験に関するものなど、凡そ十六冊があり、それぞれを王英忠（1928-2007）、涂南山、郭維租、及び鄭廷憲（1922-2011）、頼勝烈などが中訳している[100]。

　元大学教授だった鄭廷憲は「無教会」に関する双月刊誌『下樂姆』を創刊し、今でも発刊し続けている [101]。雑誌名「下樂姆」の意味はなんとヘブライ語「平和（sharomu）」の中訳である。鄭廷憲は長老教会の信者でありながら、内村鑑三を尊敬しているうえに「無教会」派の信徒でもある。つまり、台湾社会における「無教会」信徒は殆ど長老教会の信者と重なり、お互いに包容し合っている。そして、日本植民地になる前の「長老教会」であっても、日本植民地になった後の「無教会」であっても、台湾社会にとっては、どちらも「本土教会」として生まれ変わったのである。

4　結語　キリスト化されたる武士魂の行方

　台湾社会の「無教会」派は、集団的な力が欠如しているため、本土神学と言われる台湾キリスト教長老教会の社会奉仕と比べれば、より消極的に見られる、と何義麟氏はその「矢内原忠雄的学識與信仰之再評価：以戦後台湾知識分子的論述為中心」で指摘する [102]。確かに、台湾社会におけるキリスト教長老教会のイメージとしては、現地における他の教派とくらべ、最も「台湾人」意識、及び人権、民主を大事にするということがある。

　先述したように、台湾社会における「無教会」派とキリスト長老派教会のメンバーのほぼ一部は重なっている。台湾社会における「無教会」派は台湾社会の知的な存在であり、しかも戦後日台関係における重要なネットワークの一つとなっている。かつて矢内原忠雄に師事した高橋三郎（1920－2010）は、内村鑑三から三代目に当たる「無教会」派の中心人物であるが、高橋三郎をはじめとして、日本の「無教会」派は今日まで引き継がれている。そして、「無教会」派の独立伝道者として、高橋は台湾の本土教会と深くかかわりがある [103]。

　しかし、前述した通り、内村鑑三によって創始された近代日本の「無教会」派は、台湾においては「純福音」とも称されている。台湾社会における「無教会」派はおそらく南台湾から始まった。そして、その第一声を発したのは、謝万安であると考えられる。一方、「高砂族の父」と呼ばれる井上伊之助は、「無教会」派に関する思想も台湾社会に伝えた。台湾社会における英国スコットランドキリスト長老派教会の台湾人信者は、日本植

民地統治のために、近代日本の「無教会」派の影響も受けているのである。

　衆知の通り、キリスト教長老派教会（Presbyterian church）の源流はカルヴァン主義（Calvinism）によるものであり、「改革派神學」（Reformed Theology）に属している。1865年に台南で始まったイングランド長老派教会ミッション、1872年に台北の近くの淡水で始まったカナダ長老派教会ミッションの宣教を経て、この両者は1951に台湾基督長老教会として合流し、現在台湾ではキリスト宗派の一つとして、無視できない存在である。

　台湾社会におけるキリスト長老派教会（Presbyterian Church）の教会制度はカルヴァン（Jean Calvin、1509-1564）の「長老制」を採用する。カルヴァンは聖書の権威に従い、教会を治める「監督、長老、牧師」を区別しない、と主張する。世俗の政治制度と対比するなら、第二バチカン公会議（Concilium Vaticanum Secundum、1962－1965）以前のカトリックの聖職者位階制に代表される監督制は中央集権的官僚制であり、組合教会・バプテスト教会（Baptist、浸礼教会）などの「会衆制」（Congregational Church）は直接制民主主義である。その一方、改革教会の「長老制」は議会制民主主義に準える事ができる。ニューヨーク大学（Baruch College、New York University）の台湾問題研究者である張格物（Murray Rubinstein）の考えによると、台湾社会におけるキリスト長老派教会が持っている代議制的民主精神は、戦後の権威主義的政府に対抗する源流になった[104]。

　1971年台湾が国連から追放されて間もない、同12月29日台湾キリスト長老派教会は「台湾基督長老教会対国是の声明及び建議」を発表する。1973年3月19日改めて「台湾基督徒自決協会」の名義で「台湾人民自決宣言」を宣言する。そして、台米国交断絶をきっかけとして、1978年8月16日教会側は「台湾基督長老教会人権宣言」を主張する。また、台湾の国民党政府の言論弾圧による「鄭南榕の自焚事件」が起き、1991年8月20日台湾キリスト長老派教会はさらに「台湾主権独立宣言」を発表する。つまり、1970年代以降、台湾キリスト長老派教会は常に国家のことを憂いている。

　そして、台湾キリスト長老教会の国家に対する深い思いは、外の教派にも強く影響を与えている。一つの例として、今年（2018年）3月1日から四十日間かけて、台湾社会の各キリスト教派を連合し、四十日間お国の

ために「禁食祈祷」の活動を起こしたことがある。よく考えてみると、1978 年「人権宣言」[105] から 2018 年「四十日お国のために禁食祈祷厳粛会」[106] にかけての、台湾社会におけるキリスト教会の国に対する深い思いは、単なる偶然ではなくて、それなりの源流があるのである。その源流はやはり日本のサムライ・キリスト者にあると思われる。台湾社会におけるキリスト・ナショナリズムは世間にあまり知られていない広大な中産階級的思想である。そして、台湾社会における何ものにも替えられない、いわゆる台湾魂というものは何なのだろうかと問うならば、それはおそらく平凡な日々のなかに潜む非凡な良知なのではないだろうか。

（林　呈蓉）

注

1) 許国雄「日本は本当に素晴らしい国だった」
出典は松山昭彦のブログ「さくらの花びらの『日本人よ、誇りを持とう』」、URL：https://blogs.yahoo.co.jp/bonbori098/30733497.html（2012.06.21）、2018.03.18。

2) 株式会社平凡社世界大百科事典 第 2 版／教育勅語を参照、URL：https://kotobank.jp/word/%E6%95%99%E8%82%B2%E5%8B%85%E8%AA%9E-52408 （2006.08.01）、2018.03.18。

3) 小学館『日本大百科全書（ニッポニカ）』／武士道を参照、URL：https://kotobank.jp/word/%E6%AD%A6%E5%A3%AB%E9%81%93%28%E6%AD%A6%E5%A3%AB%E3%81%AE%E9%81%93%E7%BE%A9%E7%9A%84%E7%B2%BE%E7%A5%9E%29-1587681#E6.97.A5.E6.9C.AC.E5.A4.A7.E7.99.BE.E7.A7.91.E5.85.A8.E6.9B.B8.28.E3.83.8B.E3.83.83.E3.83.9D.E3.83.8B.E3.82.AB.29（2008.11.28）、2018.03.18。

4) 明治 14 年（1881）10 月、自由民権運動が高揚する中で、国会早期開設派の参議大隈重信およびその支持者を伊藤博文らが政府中枢から追放した事件。政府はあわせて開拓使官有物払い下げの中止、10 年後の国会開設を公約。ここに、薩長藩閥体制が確立。（三省堂『大辞林』を参照）、ウェブサイト「weblio 辞書」URL: https://www.weblio.jp/content/%E6%98%8E%E6%B2%BB%E5%8D%81%E5%9B%9B%E5%B9%B4%E3%81%AE%E6%94%BF%E5%A4%89 （2001．01.01）2018.03.25。

5) 明治初期、藩閥専制政治に反対し国会開設・憲法制定などを要求した政治運動。1874 年（明治 7）、板垣退助らによる民撰議院設立要求に始まり、国会期成同盟を中心に全国的に広まった。三省堂『大辞林』を参照）、ウェブサイト「weblio 辞書」URL：https://www.weblio.jp/content/%E8%87%AA%E7%94%B1%E6%B0%91%E6%A8%A9%E9%81%8B%E5%8B%95 （2001．01.01）2018．03.25。

6)『人権啓発用語辞典』の解説を参照。ウェブサイト「weblio 辞書」URL: https://www.weblio.jp/content/%E8%87%AA%E7%94%B1%E6%B0%91%E6%A8%A9%E9%81%8B%E5%8B%95（2001.01.01）2018．03.25。

7) 赤江達也『「紙上の教会」と日本近代：無教会キリスト教の歴史社会学』（岩波書店、東京）2013 年、頁 x-xi。

8) 関根正雄『内村鑑三』（清水書院、東京）2017 年、頁 3。

9) 若松英輔『内村鑑三』（岩波書店、東京）2018 年、頁 7。

10) 夏目漱石『こころ』（『日本の文学 13』に収録、中央公論社、東京）1965 年、頁 397。

11) 『内村鑑三全集』第 22 巻（岩波書店、東京）1980 年、頁 161-162。

12) 山本博文『武士道：新渡戸稲造』（NHK テレビテキスト：100 分 de 名著、東京）2012 年 2 月、頁 10。

13) 山本博文『武士道：新渡戸稲造』、頁 13。

14) 山本博文『武士道：新渡戸稲造』、頁 14。

15) 新渡戸稲造著・矢内原忠雄訳『武士道』（岩波書店、東京）1987 年、頁 11。

16) 山本博文『武士道：新渡戸稲造』、頁 16。

17) 関根正雄『内村鑑三』、頁 27。

18) ウェブサイト「内村鑑三の著作を現代訳する試み」を参照、URL: http://green.ap.teacup.com/lifework/1314.html （2018.04.18）2018.05.01。

19) 若松英輔『内村鑑三』、頁 10。

20) 「武士道と基督教」（『内村鑑三全集』第 31 巻を収録、岩波書店）1980 年版、頁 292-297。清教学園剣道部ウェブサイト（SEIKYO GAKUEN KENDO CLUB WEBSITE）「内村鑑三全集より抜粋」を参照、URL: http://www.seikyo.ed.jp/pre/contents//bukatsu/js_kendo/documents/uchimura.pdf（2017.01.01）2018.05.01。

21) 「基督再臨を信ずるより来りし余の思想上の変化」（鈴木範久編『内村鑑三選集』第 1 巻を収録、岩波書店）1990 年版、頁 209-213。

22) 関根正雄『内村鑑三』、頁 127。

23) 関根正雄『内村鑑三』、頁 6。

24) 関根正雄『内村鑑三』、頁 6-7。

25) 前掲注 1 を参照。

26) 関根正雄『内村鑑三』、頁 58。
関係史料は「憲法草案枢密院会議筆記」（『枢密院会議議事録』第一巻）、明治二十一年（一八八六）六月十八日を参照。

27) 赤江達也『矢内原忠雄：戦争と知識人の使命』（岩波書店、東京）2017 年 6 月、頁 vii。

28) 関根正雄『内村鑑三』、頁 107。

29) 内村鑑三・道家弘一郎訳「日本的キリスト教」（『聖書之研究』245 号収録、1920 年 12 月 10 日）、前掲鈴木範久編『内村鑑三選集』第四巻を参照。「（略）日本的キリスト教とは日本人が外国の仲人を経ずして真に神より受けたるキリスト教である」。

30) 関根正雄『内村鑑三』、頁 108。

31) 田村直臣「わが見たる内村鑑三」（鈴木範久編『内村鑑三を語る』に収録、岩波書店、1991、頁 146。ウェブサイト「GAIA」を参照、URL：https://plaza.rakuten.co.jp/jifuku/diary/201503070003/ （2015.03.07）2018.03.23。

32) 「ゼーレン・クリーケゴールドのごときは余輩の先導者と称すべ者」、若松英輔『内村鑑三』、頁 150。

33）赤江達也『矢内原忠雄：戦争と知識人の使命』、頁 89。

34）赤江達也『矢内原忠雄：戦争と知識人の使命』、頁 91。

35）赤江達也『矢内原忠雄：戦争と知識人の使命』、頁 viii。

36）赤江達也『矢内原忠雄：戦争と知識人の使命』、頁 9-10。

37）赤江達也『矢内原忠雄：戦争と知識人の使命』、頁 31。

38）赤江達也『矢内原忠雄：戦争と知識人の使命』、頁 40。

39）赤江達也『矢内原忠雄：戦争と知識人の使命』、頁 39。

40）赤江達也『矢内原忠雄：戦争と知識人の使命』、頁 41。

41）細川瀏『小鱗回顧録』（加土印刷、台湾台南）、1927 年、頁 70-175。

42）謝万安「我等信仰的経過」（謝淑民編『懐念』）、1996 年 4 月、頁 189-190。URL：http://www.laijohn.com/archives/pc/Sia/Sia,Ban/belief/J.htm（2018.10.01）、2018.10.30。

43）王昭文「努力與耶蘇為友的人：我知道的謝淑民長老」（『新使者雑誌』第 51 期）。URL：http://newmsgr.pct.org.tw/Magazine.aspx?strTID=1&strISID=51&strMAGID=M2006052500834（1999.04.10）、2018.09.18。

44）前掲謝万安「我等信仰的経過」。

45）陳志忠『日治時期台灣教會經驗初探 - 以日本基督教會及無教會主義為例』（東南亞神學研究院、神學碩士學位論文）、頁 50。URL: http://ir.taitheo.org.tw:8080/ir/handle/987654321/4091（2011.10.27）、2018.09.26。

46）井上伊之助『台湾山地伝道記』（新教出版社、東京）、1960 年、頁 11。

47）井上伊之助『台湾山地伝道記』、頁 334。

48）朱瑞墉「無教会主義的許鴻謨牧師」、URL：http://www.laijohn.com/archives/pc/khou/Khou,Hbou/brief/Chu,Siong.htm（2008.09.10）、2018.09.17。

49）「榮耀獨歸於真神：故徐謙信牧師生平略歷」（『徐謙信牧師告別感恩禮拜』手冊を収録）2010 年 6 月、頁 4-5、URL：http://www.laijohn.com/archives/pc/chhi/Chhi,Ksin/biog/uoh.htm（2008.09.10）、2018.09.17。

50）治喪委員會撰「鄭連坤牧師生平略歷」（『台灣教會公報』1917 期を収録）1988 年 11 月 27 日、頁 12。URL：http://www.laijohn.com/archives/pc/Tin/Tin,Lkhun/biog/kp.htm（2008.09.10）、2018.09.17。

51）景美部落の耆老である葉保進牧師は、かつて玉山神学院の副院長を担当したことがある。彼は卓溪郷の立山村及び秀林郷の加灣部落の変遷史をよく理解している人物である。近年、葉牧師は太魯閣辞典の編纂委員を担当しながら、公共事務に熱心に投身している。

52）井上伊之助『台湾山地伝道記』、頁 323-339。

53）井上伊之助『台湾山地伝道記』、頁 338；ほかは、莉穆伊・莫桑撰〈吼獵・帖木牧師：泰雅爾族福音拓荒人物〉（『新使者雑誌』87 期を収録）2005 年 4 月、頁 21-24、URL：http://www.laijohn.com/archives/pg/Tayal/Hola%20Demu/brief/SSZ.htm（2007.08.14）2018.07.31。

54）井上伊之助『台湾山地伝道記』、頁 339-340。

55）井上伊之助『台湾山地伝道記』、頁 231。

56）井上伊之助『台湾山地伝道記』、頁 326。

57）赤江達也『矢内原忠雄：戦争と知識人の使命』、頁 i。

58）赤江達也『矢内原忠雄：戦争と知識人の使命』、頁 iii。

59）赤江達也『矢内原忠雄：戦争と知識人の使命』、頁 229-230。

60）柏会は、第一高等学校（現・東京大学）が、内村鑑三のもとで形成して、1908 年から 1916 年まで存在した聖書研究会である

61）若松英輔『内村鑑三』、頁 111。
「内村鑑三先生と私は先輩や友人の多くと異なり、内村先生の内弟子であったことがない。（略）私の処女作である『基督者の信仰』を聖書之研究社から出版して下さったのは異例の御好意であるが、それさえ内弟子的な関係とは異なる」、矢内原忠雄『内村鑑三とともに』（東京大学出版会、ミシガン大学所蔵）1962、頁 539。

62）呉得栄「内村的愛女之死」（『台湾教会公報』を収録）、ウェブサイト「頼永祥長老史料庫」を参照、URL：http://www.laijohn.com/archives/pj/Uchimura,K/belief/Gou,Teng/1.htm（2007.01.01）、2018.03.23。

63）赤江達也『矢内原忠雄：戦争と知識人の使命』（岩波新書、東京）2017 年、頁 19－20。

64）赤江達也『矢内原忠雄：戦争と知識人の使命』、頁 234。

65）赤江達也『矢内原忠雄：戦争と知識人の使命』、頁 232。

66）赤江達也『矢内原忠雄：戦争と知識人の使命』、頁 234。

67）赤江達也『矢内原忠雄：戦争と知識人の使命』、頁 234。

68）若松英輔『内村鑑三』、頁 112-114。

69）林添水「日本的良心：矢内原忠雄先生」（呉得栄編『矢内原忠雄的信仰歴程』に収録、台南人文出版社、1978 年）、ちなみに『壹葉通訊』第 52 期にも再収録、1985 年 6 月）。ウェブサイト「頼永祥長老史料庫」を参照、URL： http://www.laijohn.com/archives/pj/Yanaihara,T/person/Lim,Tsui.htm（2000.01.01）、2018.03.23。

70）矢内原忠雄『私の歩んできた道』（日本図書センター、東京）、1997 年 2 月、頁 56。

71）前掲矢内原忠雄『私の歩んできた道』、頁 57。

72）前掲矢内原忠雄『私の歩んできた道』、頁 40-41。

73）陳翠蓮「大正民主與台湾留日学生」（台湾師範大学歴史学科『師大台湾史学報』第 6 期、台北）、2013 年 12 月、頁 74。

74）前掲陳翠蓮「大正民主與台湾留日学生」、頁 74-80。

75）前掲赤江達也『矢内原忠雄』、頁 73。

76）林献堂は日本統治時代の台湾における民族運動指導者にして実業家である。戦後間もなく、一時期台湾省通史館館長に勤めたが、病気という理由で館長職を辞任し、日本に移った。

77）戦後の葉栄鐘は台中図書館に勤めていた。その晩年は台湾近代の民族運動史の叙述に専念、1971 年、名著『日本占領下の台湾の政治社会運動史』（1971 年）を完成した。

78）前掲赤江達也『矢内原忠雄』、頁 74。

79）前掲赤江達也『矢内原忠雄』、頁 74。

80）赤江達也「帝国日本の植民地における無教会キリスト教の展開」（『社会システム研究』第 29 号収録）、2004 年 9 月、頁 161。

81）前掲赤江達也『矢内原忠雄』、頁 73。

82）前掲井上伊之助『台湾山地伝道記』、頁 217-218。

83）前掲赤江達也『矢内原忠雄』、頁 88。

84）戦後、陳茂堂は医師として日本に帰化した。

85）戦後、郭維租医師は仕事の合間に、矢内原忠雄の著作、主に宗教関係のものを翻訳している。

86）張漢裕は蔡培火の婿であり、戦後台湾大学経済学科の教授になった。

87）赤江達也「帝国日本の植民地における無教会キリスト教の展開」、頁 162。

88）戦後、陳茂源は台湾大学法学部法律学科の教授になった。仕事の合間に、矢内原忠雄の『帝国主義下の台湾』を翻訳した。

89）《台湾人士鑑》（興南新聞社、台北）1943 年、頁 267。中央研究院近代史研究所「近現代人物」資訊整合系統を参照、URL: http://mhdb.mh.sinica.edu.tw/mhpeople/bookimage.php?book＝TX&page＝267　2019.04.15。

90）赤江達也「帝国日本の植民地における無教会キリスト教の展開」、頁 161。

91）前掲林添水「日本的良心：矢内原忠雄先生」。

92）矢内原忠雄『私の歩んできた道』第七巻（日本図書センター）1997 年、頁 56。

93）前掲林添水「日本的良心：矢内原忠雄先生」。

94）「高橋三郎先生の略歴」、ウェブサイト「頼永祥長老史料庫」を参照、URL：http://www.laijohn.com/archives/pj/Takahashi,S/died/J1.htm　（2010.06.24）、2018.03.23。

95）劉峰松「夜訪林添水夫人」（『台湾教会公報』を収録、1985 年 4 月 8 日）、ウェブサイト「頼永祥長老史料庫」を参照、URL：http://www.laijohn.com/archives/pc/Lim/Lim,Tchui/wife/interview/Lau,Hsiong.htm（2000.01.01）、2018.03.03。

96）何義麟「矢内原忠雄的学識與信仰之再評価：以戦後台湾知識分子的論述為中心」（台湾歴史学会『台湾史学雑誌』第 16 期、台北）、2014 年 6 月、頁 19-21。

97）前掲何義麟「矢内原忠雄的学識與信仰之再評価：以戦後台湾知識分子的論述為中心」、頁 19。

98）前掲何義麟「矢内原忠雄的学識與信仰之再評価：以戦後台湾知識分子的論述為中心」、頁 20。

99）前掲何義麟「矢内原忠雄的学識與信仰之再評価：以戦後台湾知識分子的論述為中心」、頁 4。

100）前掲何義麟「矢内原忠雄的学識與信仰之再評価：以戦後台湾知識分子的論述為中心」、頁 21。

101）前掲何義麟「矢内原忠雄的学識與信仰之再評価：以戦後台湾知識分子的論述為中心」、頁 19。

102）前掲何義麟「矢内原忠雄的学識與信仰之再評価：以戦後台湾知識分子的論述為中心」、頁 21 － 22。

103）前掲赤江達也「帝国日本の植民地における無教会キリスト教の展開」、頁 162。

104）鄭睦群『従大中華到台湾国：台湾基督長老教会的国家認同及其論述転換』（国史館・政大出版社、台湾）、2017 年 10 月、頁 6。

105）台湾基督長老教会、URL：http://www.pct.org.tw/ab_doc.aspx?DocID=005（2000.01.01）、2018.03.03。

106）基督教論壇報「為國禁食禱告嚴肅會 2.28 舉行　啟動 40 天禁食禱告」、URL：https://www.ct.org.tw/1319489（2018.02.23）、2018.03.22。

第十章

教育と近代化

香港におけるキリスト教諸教会の役割

1 はじめに

　香港は、他の国々とは異なる独特の近代化の道をたどってきた。1842
年から1997年の間、香港は英国の植民地であり、英国から近代的で大衆
に開放された教育制度を取り入れた。香港のキリスト教学校は、その教育
の中にキリスト教のミッションを受け継いでおり、初等中等学校で学ぶ若
い人々に普遍的な価値を伝えた。以来、この開かれた教育制度と普遍的価
値は、若者たちを近代的な政治文化の理念と慣行へと導いてきた。

　1997年から香港は中華人民共和国の特別行政区となった。中英共同宣
言の同意に基づき、中国政府は香港の人々に対し、1997年の移行から50
年の間は、香港自身の問題に関する香港の行政は変わらないという約束を
している。しかし、2001年、香港特別行政区政府は、学校の管理運営の
しくみとカリキュラムを変えることによって教育分野に対して影響力をも
とうと試みた。それ以降、キリスト教諸教会とキリスト教学校は、教育の
独立性を守り、政治が入り込むことを押しとどめようとしている。キリス
ト教学校を卒業した何世代もの若者たちが、普遍的価値と近代政治文化を
奉じてきた。彼らはまた、教育と政治の発展を取り巻く、議論を呼ぶ問題
に直面する中、自らの主張を掲げるためにキリスト教学校の同窓生のネッ
トワークを活用してきた。

　この章では、植民地後の時代の香港の人々が、民主的制度に向けて努力
してきた、独特の政治的近代化へのルートについて論じていきたい。その
中で、植民地時代の英国植民地政府が、自由を認める開放的な社会を築き
つつも、民主主義を制限したということも述べていく。英国植民地政府と
密接な関係をもって活動したキリスト教諸会派は，その学校において自由

で無償の教育を提供した。1997 年以降、中国政府は新たな教育政策の導入によって、香港に対する社会的なコントロールをより厳しくしたが、香港の人々はそれを回避し続けてきた。キリスト教会とキリスト教学校の同窓生は、教育と政治の発展における社会的な主張と切り離すことはできない。自由民主主義を求める彼らの努力は、その成否にかかわらず、政治的近代化の動態を示すものである

2　政治的近代化：概念、モデル、およびルート

　この節ではキリスト教諸教会が教育において担った役割と、それが政治的近代化という視点から見た場合に香港の政治的発展にどのような影響を与えてきたかを論じていく。以下では、政治的近代化の概念とその発展について説明する。

　政治的近代化には様々な意味がある。狭義には、それは非伝統的政治制度への恒久的な適応に向けた社会的な変化を意味する。広義には、政治的近代化は単純に政治的発展と同義のものとして使われる。1950 年代と 1960 年代は、政治的近代化は政治学研究の中心的話題だった。システム理論と構造機能主義の影響を受け、政治的近代化の理論をうちたてた多くの研究者が、社会的発展のモデルを支持した（Apter 1965）。このモデルによれば、政治的近代化は、社会の政治制度の可能性を高めるための政治構造の分化と政治文化の世俗化を伴う。政治的近代化の実現には、教育や適切な政治文化の創造などの社会経済的要件が求められる。このモデルを用いて、多くの研究者が西欧の自由民主主義のパターンを、非ヨーロッパ社会が目指すべき最も合理的で適切な政治的発展の形であるとみなした。しかし、このような西洋中心の政治的近代化の捉え方は多方面からの批判を受けた。

　1990 年代に、研究者たちはより洗練された政治的近代化の概念を提出したが、それは、一般的には、伝統後の近代政治秩序における非近代的政治制度の深層の変化に言及した（Schmidt 2002）。この概念を定義づける特徴は、以下のものを含む。(1) 権威の合理化；(2) 新しい政治的機能の分化とこれらの機能を果たすための専門化された組織の発達；そして (3)

大衆参加である。これら全ての特徴が民主的政治秩序という枠にはめられた。

　この新しい概念に加え、一般的に研究者たちは、様々なルートが政治的近代化へと導いてきたということで一致している。マンフレッド・シュミット（Manfred Schmidt 2015）によれば、西ヨーロッパの古典的ルートは、階級闘争に由来するものだが、これを他の国々に当てはめることはできないであろう。二つ目のルートは、北アメリカとオーストラレイシア（訳者註：英連邦に属する西南太平洋諸島の総称）の新世界への海外移民の誕生をとおして開かれた。三つ目のルートは、「植民地化された地域」における政治的発展から生まれた。四つ目のルートは防衛のための近代化を採用した「強国」、つまり、はじめは国家の強化を意図したが最終的には国の政治を民主化する方向に転じた日本や韓国などの例によって特徴づけられる。五つ目のルートは、中央および東ヨーロッパの旧共産圏の国々で起こった。このルートは二つの近代化プロセスを伴っていた。混合経済あるいは市場経済による計画経済の置換と、独裁的な政治体制から民主主義への転換である。六つ目のルートは「イスラム型近代」への反応として始まった。これはチュニジア、リビア、エジプトなどの国々で2010年から始まった政治的変化によって例示される。しかし、六つ目のルートに関しては疑問が残る。なぜならば、これらの国々においては、非世俗勢力がいまだに力をもっているうえ、引き続き政治的市民的権利に対する大きな制限が広く課されているからである。

　香港の場合は、「植民地地域」における政治的近代化として理解できる。香港の人々は植民地時代の教育をとおして普遍的な価値について学んだのであり、1997以降の国家によるより厳しいコントロールの導入に直面するにあたり、人々は彼らの市民的政治的権利を維持しようとしてきたのである。キリスト教学校は生徒の中に普遍的な価値を育てるにあたって、重要な動因であった。キリス教学校から卒業した後、多くの生徒は自由、民主主義、人権、法秩序などの近代政治文化を奉じ、社会運動の活動家となった。キリスト教学校によって施された教育は、香港の様々な世代の人々が民主的政治制度とその先にある政治的近代化を求める道を固めたのである。

3　香港のキリスト教学校

　19 世紀中頃の早い時期に、キリスト教諸会派は香港において限られた資源を用いて教育を提供し始めた。キリスト教学校から卒業した多くの学生は、社会の様々な分野で、医者、法律家、ジャーナリストなどの専門的な仕事についた。二カ国語に精通していることを活かして、中国と西洋のビジネスの間の国際貿易を手伝うビジネス分野の買弁（訳者註：かつての中国で外国商館、領事館などに雇われて取引交渉にあたった現地人）として仕える者もいた（Luk 2005）。簡単に言えば、キリスト教学校の生徒は社会のエリートであり、東洋と西洋の間の近代化の媒介者だったといえる。

　香港のキリスト教学校の転機は 1950 年代に起きた。英国植民地政府が教育制度へのコミュニズムの支持者の影響に気付いたのである。英国国教会のロナルド・ホール（Ronald Hall、何明華）主教は、教育委員会の事務局長である G.P. ファーガソン（G.P.Ferguson）に対し、英国植民地政府は学校を運営するにあたってキリスト教会を信頼することができると述べた私信を書き送っており、ファーガソンはホール主教に対する返信でこれを肯定している（Leung and Chan 2003: 26）。

　1966 年と 1967 年には二つの暴動が起きた。1966 年の暴動では、香港の貧しい生活および労働条件をめぐって、市民が英国植民統治に対して不満を表明した。1967 年の暴動では、英国植民地政府の行政当局にコミュニストたちが公然と立ち向かった。これら二つの暴動の後に、政府はその根本的な原因を調査し、一連の社会改革を打ち出した。その政策の一つは、若者を支援する教育を提供することであった。カトリック教会とプロテスタント諸会派が、学校運営のための多額の資金を英国植民地政府から得たのはこの重大な時期においてであった。50 年後の今日の香港では、多くのキリスト教学校がエリート学校として広く認識されている。

　2018 年 − 2019 年間には、香港には 587 の小学校と 506 の中等学校があった[1]。これらの学校うち、109 の小学校と 88 の中等学校がカトリック教会によって運営されており、181 の小学校と 147 の中等学校がプロテスタント諸会派によって運営されている。両方を合わせるとカトリックとプロ

テスタントの学校は 290 のキリスト教小学校と 235 の中等学校を数え、これは香港の全小学校および中等学校のうちのそれぞれ 49.40 パーセントと 46.44 パーセントを占める[2]。これらのキリスト教学校は、キリスト教会の香港の教育に対する影響を示す根拠となっている。

4　キリスト教会、教育、そして政治的近代化

　キリスト教会は政治的近代化において、間接的ではあるが重要な役割を担ってきた。キリスト教学校のカリキュラムへの普遍的価値の導入は、人格形成期にある生徒たちの中に近代政治文化に適合する価値体系を形作ってきた。キリスト教諸会派はまた、政治勢力に対してキリスト教学校の独立性を守ってきた。以下の項では、2001 年から 2019 年までの間に起きた四つの社会的な出来事の中で、キリスト教諸会派とその同窓生がいかにキリスト教学校の独立性を守り、自由で民主的な思想を維持してきたかを考察する。

4-1　教育（修正）法案の論争

　教育（修正）法案は教育統籌局によって 2001 年に提案された新政策であった。この法案は、2012 年までに全ての初等中等学校が、登録された学校運営委員会（SMC）を設置することを提案したものであった。各々の SMC では、管理組織を代表するメンバーの割合を 60 パーセントとし、残りの 40 パーセントを親、教員、卒業生が構成することが提案された。これは合理的な政策のように見える。なぜならば学校の利害関係者が SMC に参加することを可能にするものだからである。しかしながら、キリスト教諸会派からの運営組織の中には、この法案に異議を唱えるものもあった。これらの運営組織の教会のリーダーたちは、国家からの政治的影響を心配し、それによって親中国の代表が SMC のメンバーになるだろうと考え、運営組織の決定権が弱められてその政治的位置づけが変わるのではないかと危惧した。法案は 2004 年に立法会で可決され、2005 年の 1 月から発効した。

　主な反対意見は、カトリック教会、英国国教会、ユナイテッド・メソジ

スト教会の三つのキリスト教会派から出された。ジョセフ・ゼン（Joseph Zen）枢機卿は、自身によって書かれた声明書の中で、なぜカトリック教会が法案に反対したのかを説明している。

　　私たちはもちろん私たちが新しい状況、新しい政府に対峙しており、その学校運営に関する考え方がかつての政府とは異なることを理解している。彼らは私たちの権限を奪って自ら学校を管理したいと考えており、この政策を「分権化」と呼んでいる。しかし実際に彼らが欲しているのは、権限を運営組織から各校へと移したうえで、新政府が香港のすべての学校を統括するためにその権限を集中させることなのである[3]。

　カトリック教会は、この法案は基本法と教育法令の規定に反しているという理由で、香港特別行政区政府に対する訴状を、2005年7月に高等裁判所に、2010年には最高裁判所に提出した。カトリック教会は敗訴し、ゼン枢機卿はその結果に抗議するために三日間の公開ハンガーストライキを行った。

　英国国教会は、教会と政府が過去150年にわたって築いてきた協力関係を破ったとして香港特別行政区政府を批判し、カトリック教会に対する法廷の決定への失望を表明した。ユナイテッド・メソジスト教会はSMCを設置することを拒否し、自らのやり方に基づく学校運営をつらぬいた。ユナイテッド・メソジスト教会はまた、立法府が政策を見直して学校ベースの運営の多様なモデルを認めるように求めた。

　振り返って見るに、教育（修正）法案を巡る論争は、教育分野における国家とキリスト教会とのその後のいくつかの対立の前奏曲であった。キリスト教会の中には、教育分野における国家の影響を回避しようとした会派もあったが、ほとんどのキリスト教会派はこの影響に気付かず、法案は大した反対もなく速やかに可決されたのである。教育（修正）法案は、2011年の新しい徳育および国民教育科のカリキュラムへの準備であった。この新たなカリキュラムの導入はキリスト教諸会派からの猛烈な反対にあうこととなった。

4-2 道徳と国民教育カリキュラムの論争

　教育をめぐるもう一つの論争は、2011 年から 2012 年にかけての「徳育および国民教育科」（MNE）導入に関わるものである。この論争の本質は、国家が「国民教育」として小学校と中等学校に愛国心を導入しようとしたことにあり、これは社会の様々な分野からの強い反対にあうことになった。キリスト教諸会派は反対運動の中の主な発言者の一人であった。

　2011 年 4 月、教育局のもとに設けられた徳育および国民教育専門委員会は、4 か月の諮問期間を立ち上げた。諮問の後、委員会は、3 年以内に全ての小学校と中等学校で新しい MNE カリキュラムが実施されると発表した。カリキュラム・ガイドによれば、国民教育の目的は、生徒の中に「国の現状に対する理解を深めることによって、国民アイデンティティを確立し、国民としての資質を高める」[4] ことである。

　2011 年 5 月、カウ・ヤン・カレッジ（救恩書院）のジョシュア・ウオン（Joshua Wong）と香港崇真会カウ・ヤン教会（救恩堂）のプロテスタントのメンバーたちは、「スカラリズム」という学生組織を結成した。この学生組織は「国民教育」を批判し、そのメンバーは MNE に反対するための様々な活動を組織するための基盤としてフェイスブックを活用した。ウオンは、この反対運動での活動によって、雑誌『タイム』の「2014 年の最も影響力のあった 10 代」の一人に選ばれている。

　2012 年 7 月には MNE カリキュラム反対大連盟が結成された。この連盟のメンバーには、スカラリズム、国民教育を心配する親の会、香港職業教員協会、香港学生連合会、公民教育連盟、香港キリスト教徒学会等が含まれていた。この大連盟は、カリキュラムの撤回を求めて、2012 年 7 月 29 日の行進を含む多くの活動を組織した。合計 9 万人の人々がこの行進に参加したとされる。

　この出来事の転機は、2012 年 9 月の『中国モデル・ティーチング・マニュアル』という小冊子の発行である[5]。教育局がスポンサーとなり、香港バプティスト大学のインスティチュート・オブ・コンテンポラリー・チャイナ・スタディーズによって作成されたこの小冊子は、MNE カリキュラムの参考書として使われることを意図されたものであった。多くの批判は、この小冊子の情報には極端にバイアスがかかっており、小学校と

中等学校の生徒が中国についての事実を学ぶ際に誤解を生みかねないというものであった。小冊子は反 MNE カリキュラム運動に瞬く間に油を注ぐこととなった。

2012 年の 9 月初旬、抗議は香港特別行政区政府にカリキュラムを撤回させることを求めて継続し、社会の様々な分野が彼らの要求を表明すべく活動を始めた。例えばスカラリズムの学生たちはハンガーストライキを始め、国民教育を心配する親の会は反対運動にもっと多くの親を動員した。MNE カリキュラム反対大連盟は 9 月 3 日に中央政府合同庁舎を占領すると発表し、9 月 7 日に 12 万人の集会が中央政府合同庁舎の前で開かれた。8 月 8 日には 10 万人の人々が中央政府合同庁舎を取り巻いた。香港特別行政区政府は譲歩して実施までの 3 年という期限を撤回し、カリキュラム実施の日程と方法は各校が決めることができるという提案をした。しかし、反対運動はカリキュラムの完全撤回を求めて継続した。2012 年 10 月 8 日、ついに香港特別行政区政府はカリキュラムを棚上げした。

キリスト教諸会派は、反 MNE カリキュラム運動の中で率直に発言した（Tse 2017）。多くのキリスト教会派は国民教育導入反対の声明を出し、彼らの学校は 2012 - 2013 年にはそのカリキュラムを実施しないと宣言した。これらの会派には、カトリック、ユナイテッド・メソジスト教会、中国キリスト教、香港福音主義ルター派教会、英国国教会が含まれる。多くの教会のリーダーたちと学校の校長たちは、なぜ彼らが国民教育の導入に反対するのかを説明し、彼らの教育における使命を繰り返し述べた文章を発表した。

2012 年 8 月にユナイテッド・メソジスト教会の学校教育部によって出された公開文書は、国の教育に関するキリスト教諸会派の考えと立場をよく表している。公開文書は、(1) キリスト教徒は二重の市民性をもっている（つまり、彼らは国民であると同時に神の王国のキリスト教徒である）。キリスト教徒にとって国家という概念は絶対的なものではない。国に対する忠誠を誓約しても、彼らは神の王国に対する忠誠をも誓うのである。(2) 国民教育はその肯定的側面と否定的側面の両方を含めて、国の総合的な理解を提供すべきである。(3) 国民教育は世界に結びついたもので、生徒たちに地球市民になるよう促すべきである [6]。

最も重要なのは、様々な小学校と中等学校の同窓生がインターネットで請願を始め、国民教育の導入への反対を表明したことである。統計によれば、様々な小学校と中等学校の同窓生組織から合計373の請願が提出され、そのうち79はカトリック学校、118はプロテスタント学校から出されたものであった[7]。合わせて計197の請願がカトリックとプロテスタントの学校から提出されたことになり、これはこの反対運動に参加した全学校数の53パーセントにのぼる。

　キリスト教学校とその同窓生組織は、反MNEカリキュラム運動にとって不可欠であった。請願はキリスト教学校の同窓生のネットワーク作りを促し、後の社会運動にさらに多くの同窓生の参加を呼び掛けるための新たな基盤となった。

4-3　占拠運動

　占拠運動は、2013-2014年に始まった社会運動であり、香港特別行政区政府に対して普通選挙権の導入を求めたものである。この要求の特徴として、運動の目的が香港の経済と金融の中心であるセントラル地区を占拠することだった点があげられる。占拠運動への対抗処置として、2014年8月31日の香港特別行政区行政長官選挙に対するより厳しい規則の設定が発表されたが、この厳しい規則に抗議するために、香港学生連盟は2012年9月22日から1週間の授業ボイコットを呼びかけた。一般的にキリスト教諸教会は授業ボイコット呼びかけに対する対応は柔軟であった。キリスト教諸会派は中等学校の生徒の政治的抗議への参加は支持していなかったが、彼らの学校に対して授業ボイコットに参加する予定の生徒と教員を処罰しないように伝えた[8]。

　香港カトリック学生協会は、カトリックの大学の学生たちに授業ボイコットの意味を説明するために、2014年9月16日にフォーラムを企画した。カトリック教会のジョゼフ・ゼン枢機卿がフォーラムの発言者の一人であった。彼は授業ボイコットを支持し、カトリックの大学の学生たちにカトリックの原理の導きのもとに社会的不公平に対して声を上げるように促した[9]。香港学生協会は約13000人の学生が授業ボイコット初日に参加したと述べている[10]。ゼン枢機卿はこの週に行われた「授業ボイコットは

教育ボイコットではない」と題した一連の講義の発言者の一人として、「カトリックの社会的教えと市民の不服従の関係」という講義を 2014 年 9 月 24 日に学生に対して行った。

　占拠運動の後、3 人の発起人と多くの支持者が市民の不服従の原理に従って警察に投降した。2019 年 4 月、9 人の被告人が公的迷惑行為を引き起こすために共謀したとして告発された。彼ら全員が抗議の中で担った役割ゆえに有罪となった。4 人は禁固刑を受け、5 人は執行猶予つきか奉仕活動の刑に処せられた。同窓生ネットワークはすぐに法廷の判決に対する異議と被告人との連帯を表明して請願を提出した[11]。

　被告人の一人は立法評議会議員のタニヤ・チャン（陳淑荘）であった。彼女の例はキリスト教学校の価値が学生に与えた影響をよく表している。チャンは幼稚園から小学校、中等学校まで、聖心カノッサカレッジ（嘉諾撒聖心書院）の生徒であった。1999 年、彼女は香港大学の法学生となった。2019 年 4 月、学生と同窓生のグループがチャンへの支持を表明する請願を提出した。以下は請願からの引用である。

　　　セントラル占領運動へのタニヤの自己犠牲的参加は、普通参政権の主張という気高い理由のためのものである……。公共の精神をもったタニヤの姿は、私たちのような多くの若い女性を感化してきた。民法学者として、そして活動家としての彼女のこの数十年の公共への奉仕をとおして、タニヤは信念と誠意の女性として類稀なる資質を示してきた。この資質こそ、聖心の教育の核心である[12]。

　請願は同窓生からの 1762 の署名を集めた。同窓生であり請願にボランティアとして加わったビーナス・ラウは、タニヤ・チャンの判決によって、自分は、女子を自立心をもった誠意の女性に育てるという母校の使命を、より良く理解することができたとつづった記事を、「明報」紙上で発表した。彼女は、誠意とは思考、言葉、行いに一貫するものであると考えた。タニヤ・チャンの民主化運動への関わりは、「誠意の女性」の教えをよく表した例であった[13]。

4-4　逃亡犯条例案反対をめぐるできごと

　2019年2月、香港特別行政区政府は逃犯及刑事事宜相互法律協助法例（修訂）條例草案を提案した。これは、台湾、中国本土、マカオからの逃亡犯を引き渡すという、これまでの法律にはなかったしくみを作ることを目的としたものであった。香港の人々は、このようなしくみを作ることを支持せず、2019年6月9日と16日に立法への反対を表明するための行進に参加した。第一回目の行進にはおよそ103万人の人々が参加し、第二回目には200万人が参加したとされる。二回の行進の後、社会の様々な分野の人々が自分たちの集会や行進を組織し、香港特別行政区政府に対し、法案を撤回して辞任することを促した。これらの活動全てが、現在、香港逃亡犯条例反対抗議活動と言われているものである。

　様々な学校の同窓生ネットワークが、彼らの立場と要求を表明するために請願を提出し、行進に参加するように同窓生と学生を動員することによって、逃亡犯条例反対運動に参加した。キリスト教学校の同窓生は反対運動の強力な主張者であった。サレジオ英文学校は、キングス・カレッジに次いで2019年5月24日に請願を提出した香港で2番目の学校であった。2週間の間に様々な学校からおよそ15万人が請願に署名したとされる[14]。統計は、合計244の中等学校が請願を提出し、そのうち53はカトリック学校、88はプロテスタント学校であったことを示している。合わせて141のカトリックとプロテスタントの学校が請願を提出し、これは香港で請願を提出した全学校数の58パーセントに当たる[15]。二回の行進では、様々な中等学校の旗を持った人々のグループが見られたが、それは中等学校の同窓生ネットワークが逃亡犯条例に対する抗議により多くの参加者を動員する基盤を作っていたことを示している。

　逃亡犯条例反対運動の中で、請願の意味は再び変化した。同窓生によるより多くの請願が、逃亡犯条例の立法の責任をもつ香港特別行政区政府の4人の官僚を非難したのである。4人とは、聖フランシス・カノッサ・カレッジ卒業の行政長官キャリー・ラム、聖マリア・カノッサ・カレッジ卒業で香港法務長官のテレザ・チェン、九龍ワーヤン・カレッジ卒業で防衛庁長官のジョン・リー、ラサール・カレッジ卒業で警察長官のスティーブン・ローである。これらの4つのカレッジが異なるカトリック修道会に

170

よって運営されていることは注目に値する。

　2019 年 5 月 27 日、聖フランシスカノッサカレッジの同窓生は、ラムに対して法案を撤回し、彼女の母校のモットーである「愛の真実によって生きよ」を実践することを求める最初の請願を提出したが、2019 年 6 月 4 日までに 1329 人がこの請願に署名している [16]。およそ 40 人の同窓生と学生が 2019 年 6 月 9 日の行進に参加した。2019 年 6 月 12 日に警察による鎮圧行動が取られると、聖フランシス・カノッサ・カレッジの同窓生は、ラムの辞任を求める二度目の請願を提出した。2019 年 6 月 14 日までに 807 の署名を集めた請願は、「私たちは同窓生だが、あなたとつながりがあることを恥ずかしく思う」と述べてラムを批判した [17]。およそ 120 人の同窓生と学生が 2019 年 6 月 16 日の行進に参加した。彼らは校歌と讃美歌「聖フランシスの祈り」を歌い、中には母校のモットーをもじって「誤った理由をもって悪い法によって生きよ」と書かれた看板を掲げた者もあった。

　ラムに加えて、他の 3 人の政府高官、チェン、リー、ローも彼らの母校の同窓生によって提出された請願の中で激しく批判された [18]。二度の行進の後、香港の状況は悪化したが、香港特別区政府は抗議する人々の要求を拒絶し続けた。4 つの学校の同窓生は 2019 年 7 月 27 日に「明報」紙に合同で 2 頁にわたる請願を掲載した。請願の見出しは「良心をもって妥協するべからず」であった。請願は 4 人の官僚の行動を叱責し、辞職することを促し、香港特別行政区政府に対して全てのこと、中でも警察が抗議活動参加者を鎮圧する際にとった、行きすぎた暴力を調査する独立委員会の設立を求めた。

　上記の請願は、キリスト教学校の同窓生が逃亡犯条例反対においてはっきりと主張をしたことを示している。彼らは抗議活動をする人々への支持を表明し、問題の責任は官僚にあると考えたのである。

5　結論

　この章では、キリスト教学校がいかに彼らの学校運営の独立性を守り、その同窓生が国家の影響を抑えるために、どのように母校を支援したかを

検証した。キリスト教学校の同窓生は、政治的発展にからむ論争における彼らの立場を表明する請願を提出するために同窓生ネットワークを使った。この章で論じた4つの事例は、教育は政治的近代化を促進する重要な要因であることを示している。しかし、香港の例は、他の国とは異なる。香港の政治的近代化へのルートは、国家の政治的コントロールに対する香港の人々の継続的な抗議によって苦境に陥っている。このルートにおいて、キリスト教学校の生徒と同窓生は、香港の人々から切り離すことができない存在であることが示された。彼らは民主化と制度改革の動因であり、彼らの抗議行動への参加は香港の政治的近代化のダイナミックスを示すものだからである。

（陳 慎慶）

注

1) 香港の学校数に関しては以下の教育局のホームページを参照。https://www.edb.gov.hk/tc/about-edb/publications-stat/figures/pri.html（primary schools）and https://www.edb.gov.hk/en/about-edb/publications-stat/figures/sec.html（secondary schools）. 2019年8月6日閲覧。

2) キリスト教学校の数については以下のSchoolandのホームページを参照。 https://www.schooland.hk/ps/. 2019年8月6日閲覧。

3) 陳日君樞機「陳日君樞機十月十九日談校本條例」。『公教報』第3532期、2011年10月30日

4) The Curriculum Development Council. 2012. *Moral and National Education: Curriculum Guide*（*Primary 1 to Secondary 6*）（Hong Kong: Education Bureau）, p. 14.

5) 『中國模式：國情專題教學手冊』。香港：國民教育服務中心出版、2012

6) 循道衛理聯合教會學校教育部。2012。「循道衛理聯合教會對推行德育及國民教育之理念及立場」https://www.mosmc.org/publicity/2012/20120902-education.pdf. 2019年8月6日閲覧。

7) この数字はScholarismによって報告された。以下のホームページを参照。https://docs.google.com/spreadsheets/d/1j6EURgsvFElWfA0bOP5ryYWucPi7OYz24wi4bz4BE4g/edit?toomany=true#gid=0. 2019年8月6日閲覧。

8) 麥世賢、陳盈恩「中學生罷課抗議假普選、教會辦學團體立場不一」。『時代論壇週報』2014年9月17日 "Hong Kong Diocese won't penalize protesting students." *UCA News*, 12 September 2014. https://www.ucanews.com/news/hong-kong-diocese-wont-penalize-protesting-students/71934. 2019年8月6日閲覧。

9) 「天主教大專聯會舉辦論壇、讓參加者了解罷課的意義」。『天亞社中文網』2014年9月19日

10）"Thousands join Hong Kong students' democracy protest as classroom boycott begins." *South China Morning Post*, 23 September 2014.

11）被告人支援のための以下の請願を参照。「港大校友發起聯署 籲保戴耀廷教席」。『明報』2019 年 4 月 30 日；「學界逾千人聯署、撐戴耀廷陳健民公民抗命反社會不公」。『蘋果日報』2019 年 4 月 8 日；「中大政政系校友聯署聲援張秀賢鍾耀華」。『明報』2019 年 4 月 9 日

12）"Solidarity with Tanya Chan—Petition by Sacred Heartists." April 2019. https://docs.google.com/forms/d/e/1FAIpQLScxqrgiqctncucKptsTAhwM0yQ0fo26VI7JLGC4JQXqB-yd7Q/viewform. 2019 年 8 月 6 日閲覧。

13）Venus Lau,「棉襖、陳淑莊、在中學抗爭」。『明報』2019 年 4 月 8 日

14）天馬「〈平台化社運如何走更遠〉。『明報』2019 年 7 月 23 日 D3

15）統計資料は以下の出典を参照。Facebook of 潘小濤 . https://www.facebook.com/27743445015/photos/a.452314505015/10157614139340016/?type=3. 2019 年 8 月 7 日閲覧。「聯署反對逃犯條例修訂；全港遍地開花、校友聯署涉近三百中學」。『立場新聞』2019 年 5 月 28 日；「近百學校組織聯署轟修例」。『蘋果日報』2019 年 5 月 28 日。 https://hk.news.appledaily.com/local/realtime/article/20190528/59649061. 2019 年 8 月 7 日閲覧。

16）"A petition against the Extradition Bill from students, alumni, and teaching and administrative staff from St. Francis' Canossian College." 27 May 2019. https://docs.google.com/forms/d/e/1FAIpQLSflCQtwNX5GymAHvyt-A6kvLzCzQofdzadOg5dexQw3cVKlzg/viewform. 2019 年 8 月 6 日閲覧。

17）"A petition condemning Carrie Lam for suppressing protesters by force from Alumni of St. Francis' Canossian College." 19 June 2019. https://docs.google.com/forms/d/e/1FAIpQLSeL2W-8jPs3mVs7pFPkUfcH7uhcdcgepU2FxmVhgCelPG5TBA/viewform?fbclid=IwAR3RrKZKS2C6L5jsueUU217AO7_ESkkJwtF4M__Rcqw8QhOj1PJO0G6guNQ. 2019 年 8 月 6 日閲覧。

18）Holmes Chan, "Hundreds of petitions appear in protest of Hong Kong's controversial China Extradition Bill." *Hong Kong Free Press*, 30 May 2019. https://www.hongkongfp.com/2019/05/30/hundreds-petitions-appear-protest-hong-kongs-controversial-china-extradition-bill/.2019 年 8 月 7 日閲覧。

参考文献

Apter, David E. 1965. *The Politics of Modernization*. Chicago: The University of Chicago Press.

Leung, Beatrice and Shun-hing Chan. 2003. *Changing Church and State Relations in Hong Kong, 1950-2000*. Hong Kong: The Hong Kong University Press.

Luk, Bernard H.K. 2005. "Religion in Hong Kong History." Pp. 39-55 in *Colonial Hong Kong and Modern China: Interaction and Reintegration*, edited by Lee Pui-tak. Hong Kong: Hong Kong University Press

Schmidt, Manfred G. 2002. "Political Modernization: Alternate Paths." *International Encyclopedia of the Social and Behavioral Science*, https://www.sciencedirect.com/

science/article/pii/B0080430767047483

———. 2015. "Routes to Political Modernization." *International Encyclopedia of the Social and Behavioral Sciences. Second edition,*

https://www.sciencedirect.com/topics/computer-science/political-modernization

Tse, Thomas Kwan-choi. 2017. "When Christian Education Meets Patriotism: Christian Organizations' Response to the Introduction of Moral and National Education in Hong Kong Schools." *British Journal of Religious Education* 39 (3) : 257-268.

第十一章
東アジアのなかの近世日本

1　東アジア伝統社会の比較史

　日本近世史の研究に携わる多くのものにとって、日本という枠組みを問い直したり、そこを越えた広域的な視野をもったりすることは、対外交流史などに従事する場合を除いては、なかなかないというのが実情である。とりわけ近世社会は大量の文書史料を生み出した社会であり、その整理、収集、分析に多くの時間を割かれる——逆にいえば目の前にある文書史料を読み解くだけで成果らしきものはできあがってしまう——なかで、少なくとも筆者などは、上述の問題を自覚することなくすごしてきたように思う。ふだんは萩藩の支配や地域社会のありようを研究し、比較するとしても他藩や江戸、大坂などであって、たとえば東アジア世界のなかで自らの研究を省みるといったようなことは、ほぼしてこなかったといってよい。おくればせながらここでは、近年の研究に学びながら、東アジア世界のなかに近世日本を位置付けるための方法や視座といったものについて考えてみようと思う。

　付言しておけば、ほんらい与えられた論題は、歴史、とくに近代に即してアジアにおける文化交流の事例を紹介するということであった。しかし筆者の能力不足から、直接にその課題に応えることは難しい。そこで小論では近代化される直前の近世社会を伝統社会の到達点と見て、そのあり方を東アジアの地域どうし（直接には日本・中国・朝鮮）で比較するという点に課題を限定する。先日のシンポジウムからも、あるいは本書全体のテーマからも逸れた内容に終始せざるをえないことを、あらかじめお詫びしておきたい。とはいえ近代の文化交流を考えるうえで、その基盤となる社会——伝統社会のあり方を比較史的に見ておくことにも、なにがしかの意味

はあるだろう。

2　宮嶋博史の「日本史研究批判」

　2006年、『歴史学研究』が「「近世化」を考える」という特集を組んだ
（『歴史学研究』821号、822号）。聞きなれた近代化ではなく、「近世化」と
いうのは、16世紀以降、世界の各地域であらたな秩序形成が見られたこ
とに注目した新しい概念である。その「特集によせて」においては、従来
の時代区分論（＝発展段階論）をヨーロッパ中心的でかつ一国史的なもの
だと批判し、それにかわる世界史の枠組みを提示したいとの問題意識が述
べられている。

　そうして世界各地を対象にした論考が掲載されるが、なかでも日本近世
史研究に反響を呼んだが、宮嶋博史の論考（宮嶋 2006））だった。副題に
もあるように、従来の日本史研究に対し、中国や朝鮮との異質性を見たう
えで、日本社会の歴史的展開をヨーロッパとの類似性においてとらえると
いう「脱亜」的傾向—日本はアジアのなかで唯一ヨーロッパに追いついた、
進んだ国だったという見方—があったと厳しく批判するものである。その
うえでなされる主張をかいつまんでではあるが以下に紹介しておこう。

　あらためて東アジアの歴史を見直したとき、まず中国では宋代（10世紀
〜13世紀）以降、明代の16世紀にかけて、長江デルタ地帯の治水が安定
したことで集約的稲作が発展した。そのことは農業経営のあり方に変化を
もたらし、役畜をもつ大経営とそこに労働力を提供する零細経営・従属的
労働力という二重構造にかわって、家族労働だけで営まれる小農経営の一
般化をもたらすとともに、支配層の農業からの分離も促進していった。そ
うして土地支配は国家に集中・独占されるとともに、科挙を通して官僚と
なる、士大夫層という新しいエリートが生み出されることになった。こう
して実力によって支配エリートとなった士大夫層にとって、生来的な身分
の差異を否定し、経営主体として成長する「民」の統治を図る朱子学は、
適合的な政治思想だったのであり、国家理念としての地位を占めることに
なった。

　次に朝鮮においては、16世紀ごろに集約的稲作が確立したことで小農

経営が一般化、同時に両班層の農業経営からの撤退が見られた。両班層は中国の士大夫と同様、土地に対する支配権をもたず、科挙によって官僚制国家の担い手となるものだった。その科挙とは儒教経典の知識を問うものだったが、それに加えて儒教教育の振興のための学校制度の整備や、儒教式の公的祭祀の実施など、中国以上に朱子学的な国家・社会体制がとられていた。

　両者に対して日本では、たしかに集約的農業とそれに基づく小農社会が形成されていた。その点では中国・朝鮮と共通するのに、朱子学的な国家体制が樹立されることはなかった。それは豊臣政権、徳川政権ともに、朱子学の理念とはあいいれない存在である武士によって作られた政権であり、「武威」によって、上から社会の「平和」が担保されるという体制だったからである。その点において、日本の「近世化」とは東アジア的同時代性を欠くものだったといわざるをえない。

　以上のように述べ、東アジア諸国よりも進んでいたという「脱亜」的通念を裏返して、むしろ東アジア諸国の発展に取り残されていたとの見方を提示したのだった。「鎖国」下ではあっても中国や朝鮮との文化的な交流はあったし、あるいは幕府の学問所をはじめ諸大名や武士たちも儒学を学んでいたこという事実はたしかにある。そうだとしても、士大夫や両班のような儒学を身に付けたものが科挙を通して国家の統治を担う官僚層の供給源となる、そういったことはもちろんなかったわけで、官僚機構は武士身分の独占物だった。「武威」を後ろ盾に統治がなされていたのが日本近世だといわれればその通りだということになる。

　冒頭に述べたように、国際的な比較には日頃から無頓着であったものにとって、単に国際的な視野を欠いているにとどまらず、無自覚なままの「脱亜」的思考に陥っているのだというこの批判は、自らの立ち位置そのものが問い返されるものだった。

3　「東アジア法文明圏」というとらえ方

　この宮嶋の提起の直後に、同じく「脱ア論的日本異質論」の克服を唱えながら、異質性ではなく、むしろ東アジアに共通する側面に着目し、そこ

に「希望の種子」を見出そうとする研究もあらわれた。

　深谷克己は、一国史に陥らず、世界史的な視野をもつうえで「広地域史の一体性」を見るべきだという（深谷 2012、25–50頁）。そのさい、政治、経済、社会それぞれの次元などがあるなかで、政治文化を主軸とする「法文明圏」によって共通性が担保されていたとする。そうしたものとしての「東アジア文明圏」については、次のように説明される（同、23頁）。

　　　堯舜とか孔子・孟子とか、「四書五経」とかが初めは特定の学者の間で、やがて治者たちが教諭に用い、さらに民間に出回っていく。それらの要素の関係が多少曖昧でも、「四書五経」でも「四書六経」でもかまわない。春秋戦国よりも古い時代と、それより後の紀元後の人物や逸話が混じっていてもかまわない。勝手な読み替えをともないながら、同種の言説が普及している広域圏があって、その始原のところに古典古代の中華王朝があって、いつまでも特別の「聖人・聖王」として上位に置かれている。東アジア法文明圏に生きているのはこのような光景である。

このように、中国の古典を始原としつつそれぞれ「勝手な読み替えをともないながら」広がる、ゆるやかな政治文化の世界があったとするものである。厳格な意味での朱子学的な国家・社会体制ではないとはいえ、そうしたかたちでの思想・文化のかたちが日本にも共有されてあったといわれれば、認められることではあろう。これまでの日本史学が、日本の歴史の先進性をいうことでアジアにおける異質性をむしろ当然としていた姿勢を、共通性を通して批判するという、宮嶋とは異なる形での提起となっている。

　ただし深谷は、宮嶋の小農社会論に対しては、タイトな定義性を伴った議論の蓄積のある日本近世での小農論とは異なっていると批判するし、農村構造、農家経営の面でも共同体規制のあり方が日本と中国、朝鮮とでは異なっており、国家形態を考えても同様だともいう。「そういう事情を考えると、東アジア世界の共通項はむしろ狭い入り口をこじ開けて入るというところがある」（同、45頁）とまで述べている。そこからすれば、ゆるやかな定義づけに基づいた政治文化の共通性はたしかにあったのかもしれないが、むしろ問題とすべきは、社会の実態レベルでの比較をふまえた、東アジア世界における共通性や差異のありようではなかろうか。その点の

検討を経てはじめて、宮嶋の主張も批評できるというべきであろう。ともあれ、蓄積のある対外交流史研究とは別に、社会のなりたちを東アジア世界のなかで比較しあうための方法が模索されるようになっているのである。

4　社会実態レベルでの比較

ところで『歴史学研究』の先の特集に、宮嶋論文と並んで掲載されたものに岸本美緒の論考があった（岸本 2006）。そこでは、「近世性」を考えようとしても、自らの知見に根差さざるをえない以上、エスノセントリズムを免れることはできないし、それを避けようとすれば概念の希薄化を招来してしまう。そうである以上、「「近世性」の実態的定義を断念し、当時の世界の多くの地域がともに広域的変動の衝撃を受け、それに対応する新しい秩序のあり方をそれぞれ独自の方法で模索した、という動的過程そのものに着目する」（同、34頁）べきではないか、というものだった。

ここでいう広域的衝撃とはグローバルな規模での銀の流通と、それがもたらす社会の流動化という事態をさす。もっともそうした事態については、つとに山口啓二が注目していたところではある（山口 1993、9-26頁）。当時、中国（明）では朝貢貿易以外の私貿易は禁止されていたにもかかわらず、とくに江南地方において発展した生産力を世界的な交易に向けようとする動向があり、密貿易のかたちで東アジア海域で盛んな取引を生じさせていた。そのことを背景に、一六世紀半ばから大量の日本銀が中国に流れ込むことになったのだという。

そもそも日本が銀の産出国になったのは、朝鮮からもたらされた灰吹法という新しい精錬技術により安価な生産が可能になったからだった。山口は、中国や朝鮮では官営工場での生産だったのに対し、日本では小経営としての精錬業者が担い手だったがゆえ、労働の生産性も上げることができ、大量生産に結びついたと見ている。そうして 17 世紀初頭には日本銀の流通量は全世界のじつに三分の一を占めるほどに至ったのである。

この山口の研究で注目すべきなのは、グローバルな規模での銀流通を生産点のレベルから説明していることであり、小経営を基盤にするという日本近世の特質とセットで見ていることであろう。

同様な意味において参考になるものに、山田賢の論考もある（山田
2011）。山田はまず、16世紀の東アジアを、潤沢な銀流入とともに活発な
商業化の時代を迎えたことで、人・モノ・貨幣の奔流のような流動化と、
それをコントロールし、安定的な秩序化へ誘導するという共通の課題に直
面していた時代だととらえている。

　そのうえで、さらに秩序化された社会のあり方そのものを比較している。
すなわち、日本と朝鮮とでは、開発が飽和状顈に達した17世紀後半、集
約農法によって単位面積あたりの収穫量を増大させる方向に切り替わるこ
ととなり、朝鮮では門中、日本では家とその集積である村という固有な結
合のかたちが定着するようになった。ところが広大な隣接辺境が地続きに
広がっていた中国では、開発や人口増・移住が継続したので経済膨張がつ
づき、ために一貫して均分相続が維持されていた。経済膨張が停止したな
かでは単独相続にしないと貧困化を招くだけだが、流動性が高く、またリ
スクも大きい社会では、財産を単独子に継承させることは危険きわまりな
い。こうして均分相続がとられた中国では、ときに莫大な人数と空間とを
包摂する宗族ネットワークが形成されることとなった。

　このように述べたうえで、地域固有の「伝統」が形成されることと裏腹
の関係で、中国発のさまざまな知識・技術＝「中国」知を、日本・朝鮮は
それぞれに修正を加えることで土着化させていったのであり、朝鮮だけが
儒教化したわけではないとする。したがって、「儒教世界への無自覚的没
入状態にあった中国・朝鮮に対して、ただひとり近代化への内的条件を備
えた日本、という発想にも、そしてこれを完全に反転させ、東アジア世界
の中でただひとり儒教的世界像を受容することなく、空虚な武威の世界で
あり続けた日本、という発想にも異議申し立てを行う」（同、282頁）ので
ある。

　このように、日本近世において、「武威」による統治がなされ朱子学的
国家理念が見られなかったとはいえ、社会のなかには、たとえば農業技術
などのかたちで「中国」知がさまざまに浸透していたことを見てとってい
る。また宮嶋が集約農業とそれに基づく小農経営の共通性と見た事態につ
いても、社会的結合関係のありようをより子細に観察することで、異なる
評価を導くわけである。「それぞれの「近世化」の襞に分け入っていく細

やかな実証をともなった「比較史」は、なお未開拓の領域」（同、282—283頁）なのだという。

　この山田の論考は、広域的な衝撃とそれに対する秩序化という動的過程に注目する岸本の議論をふまえつつ、そこでいったん放棄された「実体的定義」にあくまでこだわったものといえ、しかもそれによって宮嶋とは異なる比較の組み合わせも可能になることを示したものだった。日本と東アジア世界との比較を考えるさいにも、実態どうしをていねいに付き合わせる作業が不可欠だということになろう。とくに山田が、日本の家と村、朝鮮の門中、中国の宗族という、それぞれの社会での基礎的な結合関係を抽出しながらも、それにとどまらず、「「近世化」の襞に分け入っていく細やかな実証をともなった「比較史」」が必要だと述べている点には注意を払っておきたい。

5　中世からみた日本の「近世化」

　以上、共時的な比較をめぐる議論を紹介したが、こんどは中世史に遡って見ることでなされた、宮嶋への批判を紹介しよう（稲葉 2009、13－18 頁）。

　稲葉継陽は、宮嶋の日本近世論を「軍国主義国家」説と呼び、その理解の背景には「公儀（将軍権力）の専制性と集権性を再現なきものの如く捉える幕藩制構造論・国家論が存在する」（同、16 頁）のであり、そのもとで百姓からの武器の剥奪や集団の自律性の剥奪などがいわれてきたとする。しかしなかがら 1980 年代前後からそうした研究にかわって、村の自律性の評価や領主と農民間の契約的側面の発見などの新しい動向が生まれていることが無視されている。すなわち、宮嶋の議論はステレオタイプ化した専制的近世国家像に基づくものであり、「研究史的同時代性」を欠如したものだ、と批判するのである。

　そうして稲葉が対置するのは、「日本の社会の「近世化」を社会の側からの内発的な秩序化と規律化の過程として把握」（同、18 頁）するとの視点である。すでに中世社会のなかに村という自律的な団体が育まれており、その発展の延長に「近世化」やさらには日本近代も位置付けることができるのであって、公儀が「武威」を背景に上から作り出した秩序というわ

けではないとの主張である。さらに中世に起源をもつこの日本型社会の組織原理なるものは、グローバル化のなかで崩壊の危機に瀕している。そのことに現在の危機があるとの問題関心も披歴している（同、396頁）。

　しかしながらこれに対して宮嶋が、日本型組織が天皇制ファシズムを下支えたしたことをふまえても、それが内部における抑圧を伴った平和と、外部に対する差別と暴力性という二面性を有することへの配慮がないと反批判を加えている（宮嶋 2010 年、14 頁）。中世以来の村を中心とした下からのベクトル形成を手放しで評価することには、慎重であらねばならないというのである。

　また、自律的な村の形成を強調することについては、近世史の側から「やや行き過ぎた感もぬぐえない」とも批判されている（牧原成征 2015、27 頁）。宮嶋のように、「武威」によって社会秩序が保たれたことを強調し、社会内部にあった自律性や自発性を見ようとしないのはたしかに一面的ではあろうが、かといって稲葉のように集団の自律性だけを手放しで評価するのも、また「行き過ぎ」だというのである。この指摘に従えば、専制か自立かという二者択一のいわば本質論ではなく、いかに社会の秩序が維持され、社会結合が成り立っていたのかという存在形態レベルでの比較という方向性が見通せることになろう。

　そのさいポイントとなることに、稲葉が注目する村の性格をいかに評価するかという点があるように思う。山田も述べていたように、日本近世には家（家名・家産・家業を一体とした社会組織）を基盤にしながらも、村という、地縁的であり、かつ農民たちの職能団体でもある組織が広く存在した。それが社会の基盤にあり、支配のうえでの基本単位となっていた点はたしかに日本近世の特徴にちがいない。この村は、稲葉がいうような中世社会からの自生的な発展とだけとらえることはできず、近世社会に新たに創出されたという面が大きいと考えられる。そこでこの点にかかわる近年の研究を見ておくことにしよう。

6　太閤検地と地域社会

　近世社会の骨格を作ったものとして豊臣秀吉が行った太閤検地があるこ

とはよく知られている。牧原成征の研究から、その概要を紹介してみよう（牧原 2014 年）。16 世紀末、豊臣秀吉が行った太閤検地の具体的な過程に即してみておけば、①耕地面積を測量したうえで、耕地ごとに高率の石高（＝年貢高）を課すことにした。②次に、その結果は検地帳と呼ばれる土地台帳に記載され、百姓一人一人の耕地への権利（同時に年貢負担義務）が公認された。③さらにこうした作業は村ごとに行われ、検地帳も村ごとに作成され、村に対して交付された。

　この作業の過程で多く村切という村域の再確定がなされ、あらためて村が公認された団体となった。以上の経緯はごく一般的な理解に他ならないが、これを見ても、中世末にできた村という結合がそのまま近世も発展してゆくとする稲葉の見方は、やはり問題であろう。太閤検地という政策によって、あらたに領主と百姓との関係が作り直され、近世的な村が創出されたということは動かしがたい事実というべきである。

　牧原の研究で注目すべきなのは、こうした政策に地域性が反映されていたと見る点である。すなわち如上の方法が採用された背景には、太閤検地が実施された京都を中心とする畿内近国での生産力の発展とそれにともなう高度で稠密な土地利用の実態があった。そこでは土豪層は耕作者から加地子（かじし）を収取し、農業経営から遊離するようになっていた。他方で、一般の農民たちは領主に年貢を支払い、さらに土豪には加地子も負担していたわけだが、その土地所持権は強化されつつあり、村として結合するようになっていた。こうした事態があるからこそ、従来の年貢に加地子を加えた額を、あらたに年貢＝石高として確定することとができた。結果として、加地子を取得していた土豪層は存立基盤を失うことになり、村に結集する一般農民とそこから年貢をとる領主という単純な関係（これを兵農分離と呼んでいる）が創出されることになる。

　しかしながら、そもそも畿内のような生産力の発展がどこにでも見られたわけではなかった。土豪層が加地子を徴収するのではなく農業経営に携わったままだったというところも多かったし、一般の農民たちによって構成される村が広く成立していたわけでもない。生産力水準もずっと低いところがほとんどだった。そうしたなか、服属した大名に命じて検地を実施させたが、面積の基準や耕地の等級評価の仕方などが異なったり、村に検

地帳を交付しなかったりしたところもあるなど、地域の実情に応じたものにならざるをえなかった。

　すなわち「遠隔地・列島周縁部ほど土地制度・社会経済構造の偏差も大きく、豊臣政権は統一・対外戦争を急いだこともあって、それらを包摂するかたちで土地・身分政策を及ぼした」のだった（同、164頁）。

　以上の牧原の研究からあらためて学べることは、日本の近世社会が成立するとき、全国に及ぼされる政策の規定性はたしかに存在し、その意味では上から社会が再編されたことはまちがいないにせよ、他面では中世以来の伝統に基づく地域性は色濃くあり、それが払拭されきることはなかったということであろう。稲葉がいうような中世からの規定性は、地域差として存続していたことになる。そうであれば家と村を基盤にした地域社会それぞれのあり方について、ていねいな再現をめざさねばならない。他方、中国や朝鮮の社会でも、宗族や門中を構成原理にしつつも、それを基盤に取り結ばれるより具体的な社会関係、地域社会のあり方の解明が必要ではなかろうか。「「近世化」の襞に分け入っていく細やかな実証」とはそうした作業を意味することになる。

　人々が生産・生活を営む具体的な場（＝地域社会）に即して、そこにおいて取り結ばれる社会的な結合関係の具体層の再現という作業を経ずして、一国レベルでの思想・文化やあり方や政治の動向を比べるだけでは不十分であり、個々の地域社会の実態をふまえた比較史が構想されるべきだ、というのが小論のとりあえずの結論である。宮嶋がいうような「脱亜」という傾向への警戒、東アジア諸国との比較ということは意識にもちながら、個別の地域社会分析を行うことには十分に意味があるということである。

（森下　徹）

引用文献

稲葉継陽『日本近世社会形成史論——戦国時代論の射程』校倉書房、2009年

岸本美緒「中国史における「近世」の概念」『歴史学研究』821号、2006年

深谷克己『東アジア法文明圏のなかの日本史』岩波書店、2012年

牧原成征「兵農分離と石高制」『岩波講座日本歴史　第10巻近世1』岩波書店、2014年

牧原成征「日本の「近世化」を考える」清水光明編『「近世化」論と日本』勉強出版、2015年

宮嶋博史「東アジア世界における日本の「近世化」──日本史研究批判──」『歴史学
　研究』821 号、2006 年

宮嶋博史「日本史認識ノンパラダイム転換のために」『思想』1029 号、2010 年

山口啓二『鎖国と開国』岩波書店、1993 年

山田賢「東アジア「近世化」の比較史的検討」趙景達・須田努編『比較史的にみた近世
　日本──「東アジアか」をめぐって』東京堂出版、2011 年

第十二章
音楽教育を通して見たアジアの近代化と文化交流

1　はじめに

　20世紀の終わりから21世紀にかけて、アジア諸国は目覚ましい経済的発展を遂げ、近年では文化面においてもその存在感が増している。しかし、その発展のもとをたどっていけば、19世紀に西洋から入ってきた近代化に行きつく。西洋の様々な文化や価値観を受容し、自らに統合してきたという点において、アジア諸国は共通の体験をもっているのである。そして現代では、それを自らの文化として世界に発信するまでになっている。

　本稿では、19世紀に西洋から入ってきた近代学校教育、特に音楽教育に着目して、西洋の音楽文化がどのように受容され、ローカルな音楽文化と統合されて現在に至るのか、その過程において学校教育はどのような役割を担ったのかを、いくつかの事例をとおして考察していきたい。

2　19世紀のアジアにおける西洋音楽の受容

　19世紀のアジアに西洋音楽が入ってきたルートは、大きくわけて二つある。一つはキリスト教の宣教師たちが持ち込んだ讃美歌であり、もう一つは、国家が近代国家に相応しい国歌や軍楽隊を求めて取り入れた西洋音楽である。これら二つの流れに近代学校教育という要素が加わり、国や地域によって異なる近代音楽文化発展の過程をたどっていくこととなる。

　まずキリスト教伝道について見てみると、清では1807年にイギリスのプロテスタント、そして1830年にはアメリカの会衆派教会のアメリカン・ボードが、主として都市部の下層民と農民を対象に伝道を始めた（小檜山1998, 49-51）。台湾においても1865年にイギリス長老教会が南部で、1872

年にはカナダ長老協会が北部で宣教を開始している（許 1998, 204）。しかし、讃美歌は教会で歌われるにとどまり、台湾の伝統音楽が影響を受けるまでには至らなかったということである（許 1998）。

　タイでは、1828 年にドイツ人とイギリス人によってプロテスタントの伝導が開始され、その後長老派やアメリカ・バプテスト教会が加わった（速水 2009, 108）。しかし、仏教によって国民統合をはかろうとしていたタイではその成果は限定的であり、信者の多くはベトナム系、華人系、山地民族などのマイノリティーであったため（速水 2009, 108）、タイの音楽文化への讃美歌の影響はほとんどなかったようである（前川 2009, 81）。

　日本では 1859 年からアメリカ人によるプロテスタントの伝導が外国人居留地で始まり、1873 年のキリスト教解禁を経て全国各地に広がっていった（秋岡 1998, 70；小檜山 1998, 50）。中国、タイと異なっていたのは、日本では宣教師の周囲に集まったのは士族や裕福な商人などの知識階級であり、宗教よりも知識を求めていたという点である（小檜山 1998, 51）。

　韓国では、1885 年からアメリカン・ボードの宣教師たちが布教を始めた（朴 2004, 2；安田 1999, 166）。漢文を好む両班階級による、ハングル語歌詞の讃美歌への偏見や、歌を歌う女性を娼婦とみなす風習のため、始めはなかなか受け入れられなかったが（朴 2004, 20；68；バード 1998, 91;444）、清の属国から解放されるとともに、近代化への道を求めた社会上層の人々がキリスト教に接近するようになった（朴 2004, 93；高 2004, 22）。

　このように、宣教師が接触した現地の人々の社会的な地位や、それぞれの国が置かれていた状況によって、讃美歌が社会に与えた影響は多様であった。

　次に、国家による西洋音楽取り込みについて見ていきたい。日本での最初の主体的な西洋音楽受容は、国歌作成であった。内藤（1997）は、本格的洋楽摂取に対して迅速な行動をとった集団として、1869 年創立の薩摩藩軍楽隊、1870 年創設の太政官雅楽局、キリスト教会、1879 年設置の文部省音楽取調掛をあげている。このうちキリスト教会を除いた 3 つは明治新政府の組織であることから、日本がいかに上からの音楽文化の西洋化に熱心であったかがわかる。薩摩藩軍楽隊がイギリス人音楽教師フェントンに依頼して作った最初の「君が代」が 1870 年に発表され、1880 年には式

部寮雅楽課（雅楽局から改称）の伶人による曲にドイツ人音楽教師エッケルトが和声をつけた現在の「君が代」が作られたが、これは日本の伝統音楽と西洋音楽を巧みに統合した優れた作品であったとされる（内藤 1997）。

　一方、19世紀後半のタイでも、西洋音楽形式の国王賛歌が作られている（赤木 2009, 133）。このほかにも王族による音楽の近代化の試みとして西洋オペラ風の歌曲が作られ、それらが民間に広まっていったが（Maryprathis 1999, 61；63）、学校教育を通した音楽文化近代化の試みは見られなかった。それは一つには王室が伝統的な宮中音楽を守ろうとしたこと、さらには、庶民のための学校教育がなかなか普及しなかったことがある。

　1932年の立憲君主制移行後、ピブン・ソンクラームが政権を取ると、政府はタイ古典音楽を遅れた文化の象徴とみなし、広報課によって西洋化されたタイの音楽や新たに作られた西洋的な大衆曲をラジオで放送して、音楽文化の近代化を図った（Maryprasith 1999, 52-64）。1936年には、ドイツ人を父親にもつプラ・チェンドリヤン作曲の旋律に愛国心を歌う歌詞をつけた国歌「プレン・チャット・タイ」も完成した（赤木 2009, 133；前川 2009, 82；Maryprathis 1999）。しかし、小学校の就学率は依然として低く、学校唱歌が西洋音楽の普及と国民の教化の主翼を担うことはなかった。大衆の教育が重要な政治課題となったのは1960年代のことであり、タイの小学校教育がほぼ全国民にいきわたるようになったのは1980年代に入ってからのことである（Diller 1997, 88; Michel 2010, 3-25）。

　これに対して20世紀初頭に小学校の就学率が90％を超えた日本の場合は、学校教育が大きな役割を担った。1872年の学制では小中学校での唱歌や奏楽は、「当分コレヲ欠ク」とされていたが（上原 1988, 187；240）、やがてこの唱歌教育を実践に移す作業をとおして、前述の西洋音楽受容の二つの流れが一本にまとまっていくことになる（安田 1999, 44）。

3　日本における学校音楽教育の始まり

　文部省は1882年に『小学唱歌集初編』を出版したが、その曲の大多数は、文部省が招聘したアメリカ人音楽教師であるメーソンが考案した『音

楽掛図』に収録されていた歌（『音楽掛図』がドイツの音楽教科書をもとにしていたためにドイツ民謡が多い）と、宣教師の讃美歌集にあった讃美歌に、日本語歌詞がつけられたものであった（安田 1999）。こうして西洋音楽受容の二つの流れは唱歌集の中で一つにまとまり、学校教育を通して日本の音楽文化の近代化を進めていくことになるのである。

4　日清戦争と東アジアの音楽の近代化

　1895 年の日本の日清戦争での勝利は、東アジアに日本の学校唱歌経由の西洋音楽の浸透という、独特の文化の流れを生むことになった。

　日本に割譲された当時の台湾は、閩南語や客家語を話す中国系住民、オーストロネシア系の先住諸民族で構成されており、統一されたアイデンティティも共通語もなかった。そこへ日本は共通語としての国語教育と唱歌教育を持ち込んだのである。劉（2005）は、それは台湾人を日本人に同化するためであったとする。例えば、1915 年に総督府が台湾人教育用に作った『公学校唱歌集』に掲載された 46 曲の作曲者は全て日本人であり、うち 25 曲は日本人が好んだヨナ抜き音階の曲であった。また、台湾オリジナル曲には台湾の風物を歌ったものもあったが、歌詞は日本語、音楽的には和製西洋音楽であった。1935 年の第二期教科書も同様であり、よって台湾では言語と音楽文化の二つの面で日本への同化が図られたことになる（劉 2005）。

　一方、19 世紀末の清では、讃美歌の影響は限定的であり、清王朝が積極的に西洋音楽を取り入れることもなかった。この状況を変えたのが日清戦争での敗北である。この敗北で近代化の必要性を認識した清は、日本を自らが効率的に近代化をはかるためのモデルとし、1904 年に「奏定学堂章程」を公布することによって、一般大衆をも教育の対象とした教育体制を確立したのである（高婷 2010）。

　音楽教育に関しては、日本留学から帰国した沈心工、曽志忞、蕭友梅、李叔同らによる、学堂楽歌運動と呼ばれる下からの改革が先行した（高婷 2010；田島 1996,198）。彼らは 1900 年代に来日し、日本唱歌の旋律に愛国的な歌詞をつけた徳育重視の唱歌を作っている。また、自ら作曲をした

り、外国曲に中国の古詩の歌詞を付けるなど、学堂楽歌の中国化も試みられた（田島 1996；高婷 2010）。作曲家として20世紀中葉に活躍した黄自が、沈の唱歌が1930年代の中国の教育にも影響をおよぼしていると述べているように（高婷 2010）、学堂楽歌は中国の近代音楽の基礎となったのである。

　日清戦争の結果、清の属国から脱した韓国では、近代国家形成のへの意識が高まった。1896年には民間の『独立新聞』が国歌の必要性を唱え、韓国政府も1902年にドイツ人音楽教師エッケルトに国歌の作曲を依頼している（朴 2004）。この国歌は民衆には浸透しなかったが（朴 2004, 6：22：70）、代わりに讃美歌調の音楽に合わせた「愛国歌」「独立歌」と呼ばれる歌が歌われるようになる。これらは、西洋と韓国の直接の音楽文化交流から生まれた唱歌であった（安田 1999）。しかし、1905年に日本の保護国になった後は、愛国歌は、統監府と朝鮮総督府によって「不良唱歌」として禁止され、非合法の歌となっていく（閔 1998, 238）。

　植民地時代は朝鮮総督府によって編纂もしくは検定された、日本の教科書に基づいた音楽教科書だけが使用を許され、1914年の『新編唱歌集』からはほとんどが日本語の歌詞となった（閔 1998, 239 – 241）。こうして日本への愛国心の強化とともに、日本の学校唱歌の特徴である音階とリズムが韓国に普及していくことになったのである。

5　第二次世界大戦後のアジアの音楽教育

　西洋音楽を受容していったアジアの国々では、その後、どのような音楽教育が展開されたのであろうか。

　日本における愛国的な歌詞重視、音楽的価値軽視の傾向は、戦後大きく変わることになる。音楽教育の主たる目的を普遍的な西洋芸術音楽の獲得におき、唱歌に代わって西洋の民謡や古典音楽が多く取り入れられたのである。アメリカ占領終了後は、戦前の文部省唱歌が教科書に戻ってくるとともに、非西洋文化の価値を認める国際社会での動きを反映して、伝統的な音楽文化の再認識がなされるようになる。その結果が1960年代から70年代前半の教科書に見られるわらべ歌や民謡の増加である。しかし、既に

人々にとっては西洋音楽の方がなじみのあるものとなっており、1970年代末には日本の作曲家による西洋形式の曲が音楽教育の主流となっていく。さらに、1970年代以降は、明治以来一貫して避けられてきた大衆音楽が、洋の東西を問わずに掲載されるようになり、徐々にその数を増やしている。

筆者が大学生に実施したアンケートによれば、彼らにとっての「日本の音楽」は、「さくら」と「君が代」を除けば圧倒的に戦前の学校唱歌が多い（石井 2008）。明治の音楽文化近代化プロジェクトは成功し、日本の音楽文化としてしっかりと根付いているのである。

中国でも戦前戦後を通じて学校音楽教育は徳育としての役割を担ってきた。20世紀初頭の近代国家建設の時代には国の近代化や自律を歌う愛国的な歌が歌われ、第二次世界大戦前後は日本の侵略に対する抗日歌や共産党のプロパガンダ・ソングが盛んに作られた。さらに中華人民共和国成立以降は、芸術は社会主義革命社会建設のためのものとなり、学校音楽教育も政府の方針に厳格に沿ったものとなった（Ho 2018, 96）。文化大革命の時代は、学校教育は中断され、芸術音楽の作曲家が批判を恐れて活動を控える一方で、素人が作曲した音楽的価値の乏しい革命歌が歌われた（Ho 2018, 97）。

1978年に改革開放路線へと舵を切った後は、1989年の天安門事件を契機として、新たな愛国教育が展開されて現在に至っている。現在の音楽教育には戦前の抗日歌の現代バージョンや、ディスコやラップ音楽、台湾ポップスが混在しており（Ho 2018）、西洋ポップス化と、抗日歌を含んだ中国独自の音楽文化の継承の二つのベクトルが同居している。

一方、戦後の台湾においては、台湾住民を中国人化するための教育が進められた。共通語は北京語となり、音楽教科書には北京語歌詞の民謡や中華民国の現代曲、西洋古典音楽や台湾現代作曲家の曲が掲載された。

このような政策は、1987年の戒厳令解除と1990年代の教育の台湾化によって大きく転換する。音楽教育では、「本国」の曲の割合を半分以上確保するという政策のもと、台湾の作曲家たちの曲が教科書に多く取り上げられるようになった。また、日本統治時代の台湾人作曲家による台湾語流行歌や、少数民族の民謡などが原語のまま掲載されるなど、大陸との違いを意識した内容へと変化したのである（石井・郭 2015）。

筆者が実施した台湾の大学生を対象としたアンケートでは、「台湾の音楽」として最も多くの回答者があげたのは、日本統治時代に鄧雨賢が書いた台湾語流行歌「望春風」である。しかし、北京語台湾ポップスの回答も多く、北京語が第一言語となっている世代にはこのジャンルが台湾の音楽として認識されていることがうかがえる（石井 2015）。実際、近年の教科書には台湾人気ポップス歌手の北京語の歌も掲載されるようになっている。

　戦後の韓国でもやはり独自の近代音楽文化を模索している。Choi（2012）によれば、朝鮮戦争がおきた 1950 年代にかけては、西洋音楽が偏重される一方、歌詞は反共産主義プロパガンダであった。1960 年代以降は韓国伝統音楽復活の動きがあり、第 2 次、第 3 次の教育課程ではそれぞれ中学校の歌唱教材の 3 割と 5 割を伝統音楽および西洋形式の韓国曲にすることが求められたが、教科書では伝統的な民謡は 7 パーセントにすぎなかったということである。1980 年代の第 4 次および第 5 次教育課程でも、それまで以上に伝統文化の尊重が唱えられたが、教科書に掲載された伝統的な歌の割合はやや上昇したにとどまった（Choi 2012, 118）。

　西洋偏重の音楽教育が大きく変わるのは、1990 年代のことである。特に 1997 年の教育課程では、伝統音楽の継承とともに新たな韓国の音楽を創るべく、ミュージック・メイキングの要素が取り入れられた（Choi 2012: 146-149）。そして 2007 年には、韓国の伝統音楽が教材に占める割合は 4 割近くになっている（趙 2012: 89）。伝統音楽と西洋芸術音楽理論によるミュージック・メイキングを結び付けることによって、韓国は日本が介在しない独自の近代音楽文化を作り出すことを試みているといえる。

6　グローバル化、そしてさらなる文化交流へ

　アジア諸国の学校教育は、独自の近代音楽文化形成を進めてきた。しかし、21 世紀のグローバル化は、世界の音楽文化のポップス化と、自国ポップスにナショナル・アイデンティティを感じる世代を生み出している。筆者が日本、タイ、台湾、韓国で実施したアンケートでは、大学生が最もよく聴く音楽は、自国の西洋式ポップスであり、次に多いのは日本や韓国な

ども含んだ外国ポップスである（石井 2008：2011：2015：2018）。彼らにとって自国ポップスはもはや自国音楽文化以外の何ものでもなく、同様に他のアジアの国のポップスも、その国のポップス以外の何ものでもないものとなっているのである。

　さらに、アジアの国が自国ポップスを世界に向けて発信する機会も増えている。例えば韓国ポップスの「江南スタイル」は You Tube 経由で欧米でもヒットしたが、それによって同曲は筆者の韓国の大学生に対するアンケートで「韓国の音楽」の第4位に入るほど、ナショナル・アイデンティティを感じる曲となっている（石井 2018）。音楽自体ではなく世界で認められたという事実にナショナル・アイデンティティを見出す。これは、インターネット時代が生み出した新しいアイデンティティのあり方ではないだろうか。

（**石井　由理**）

参考文献
〈日本語〉
赤木 功（2009）「国歌」日本タイ学会（編）『タイ事典』めこん、133 頁
秋岡陽（1998）「山田耕筰とアメリカ」松下鈞（編）『異文化交流と近代化——京都国際セミナー 1996』「異文化交流と近代化」京都国際セミナー 1996 組織委員会、69-75 頁
石井由理（2008）「音楽的アイデンティティー創造の試みと結果」『山口大学教育学部附属教育実践総合センター研究紀要』25 号、143-154 頁
石井由理（2011）「タイの若者のタイの音楽に対する認識」『山口大学教育学部研究論叢』第 61 巻　第 3 部、1-12 頁
石井由理（2015）「台湾の大学生にとっての台湾の音楽」『山口大学教育学部研究論叢』第 65 巻　第 3 部、1-9 頁
石井由理（2018）「韓国の音楽教育と国民阿アイデンティティ」『山口大学教育学部研究論叢』第 68 巻、127-134 頁
石井由理・郭淑齢（2015）「台湾の音楽教育における自文化認識」『山口大学教育学部附属教育実践総合センター研究紀要』39 号、129-138 頁
上原一馬（1988）『日本音楽教育文化史』音楽之友社
許常恵（1998）「台湾における強制『国語』教育及びそれが伝統音楽の認識に及ぼした影響」松下鈞（編）『異文化交流と近代化——京都国際セミナー 1996』「異文化交流と近代化」京都国際セミナー 1996 組織委員会、204-207 頁
高仁淑（2004）『近代朝鮮の唱歌教育』九州大学出版会
高婷（2010）『近代中国における音楽教育思想の成立：留日知識人と日本の唱歌』慶応義塾大学出版会
小檜山ルイ（1998）「19 世紀アメリカの東アジア伝道：中国渡日本における経験とイメー

ジの形成」松下鈞（編）『異文化交流と近代化――京都国際セミナー 1996』「異文化
交流と近代化」京都国際セミナー 1996 組織委員会、49-56 頁

田島みどり(1998)「近代中国の初期学校音楽教育の中で日本が果たした役割」松下鈞(編)
『異文化交流と近代化――京都国際セミナー 1996』「異文化交流と近代化」京都国際
セミナー 1996 組織委員会、198-201 頁

趙永培(2012)「最近の韓国の音楽教育と伝統音楽の位相」日本学校音楽教育実践学会(編)
『音楽科カリキュラムと授業実践の国際比較：日本、カナダ、韓国、アメリカ、ドイツ、
イギリスをめぐって』音楽之友社、89 頁

内藤孝敏（1999）『三つの君が代：日本人の音と心の深層』中公文庫

バード, イザベラ（1998）時岡敬子（訳）『朝鮮紀行：英国夫人の見た李朝末期』講談
社

朴成泰（2004）『近代韓国における愛国唱歌教育運動と音楽教育成立過程の研究：平成
13 年度〜15 年度科学研究費補助金 [基盤研究（ c ）（2）] 研究成果報告書』

速水洋子（2009）「キリスト教」日本タイ学会（編）『タイ事典』めこん、108 頁

閔庚燦(1998)「韓国唱歌の形成過程における日本唱歌の影響について」松下鈞(編)『異
文化交流と近代化――京都国際セミナー 1996』「異文化交流と近代化」京都国際セミ
ナー 1996 組織委員会、238-247 頁

前川健一（2009）「音楽」日本タイ学会（編）『タイ事典』めこん、81-82 頁

安田寛（1999）『日韓唱歌の源流：すると彼らは新しい歌を歌った』音楽之友社

劉麟玉（2005）『植民地下の台湾における学校唱歌教育の成立と展開』雄山　閣

〈英語〉

Choi, Mi-Young（2012）. *Korean middle school music education: History of music curriculum*. Saarbrucken, Germany: AV Akademikerverlag.

Diller, A.（1997）. What makes Central Thai a national language? In Reynolds, C. J.（Ed.）, *National identity and its defenders: Thailand today*（pp. 71-107）. Chiang Mai: Silkworm Books.

Ho, Wai-Chung（2018）. *Culture, Music Education, and the Chinese Dream in Mainland China*. Singapore: Springer.

Maryprasith, P.（1999）. *The effects of globalization on the status of music in Thai society*.（Unpublished Ph.D. thesis）. Institute of Education, University of London, London.

Michel, S.（2010）. The burgeoning of education in Thailand: A quantitative success. In Mounier, A., & Tangchuang, P.（Eds.）, *Education & knowledge in Thailand*（pp. 11-38）. Bangkok: Silkworm Books.

おわりに

　私がまだ大学生のとき、英語科教育法の最初の授業で担当教員が放った質問が今でも忘れられない。「何のために英語を学ぶのか？」　何人かが指名され、答えた。「海外の人とコミュニケーションを取るため」「海外の様々な文化を学ぶため」「海外どこに行っても、英語があれば大丈夫だから」　しかし、担当教員の答えはまったく逆だった。「日本の文化を海外に発信するため」　確かに、学生は海外から吸収することばかりを考えていた。しかし、そうではない、これからは日本のことを海外に発信していかなくていけないのだ。担当教員はそう謳っていた。国際化なんて言葉はまったく流通していなかった時代、私も目から鱗が落ちる思いであった。

　あれから数十年後、グローバル化という波を頭からかぶっているとは、その当時は想像だにしなかった。しかも、単なるグローバル化ではなく、自国の伝統文化を発信することも忘れてはいけない時代となった。2014 年、2012 年に開催された東アジア国際学術フォーラムを受けて、全 14 編の論文から構成される『教育におけるグローバル化と伝統文化』が出版された。その「あとがき」（石井由理、p.198）には、「アジアの国々の教育がどのように伝統文化を扱っているかを通して、教育に対するグローバル化からの挑戦を考えることを試みた。」とあることからも分かる。

　それから 5 年、グローバル化はますます加速している。しかも、伝統文化の重要性もそれに正比例している。そのような時代の中で、本書『成長するアジアにおける教育と文化交流』が上梓された。本書には、2018 年に開催された東アジア国際学術フォーラムに登壇・発表していただいた金鍾徳（韓国）、ソムチャイ・チャカタカーン（タイ）、胡令遠（中国）、林呈蓉（台湾）、山本冴里の五氏を中心に、全 12 編の論文が掲載されている。グローバル化が叫ばれて久しいが、次の段階としてグローバル化をどのように推進しているかについての記述だけでなく、どのようにすれば真の文化交流を基盤として東アジアというまとまりを構成できるかという提案に

まで至っている点で、非常に意義のある論文集になっている。

　中身の詳細は各論文に譲るとして、ここでは今後の課題・提案について提示されたものをごく簡単にまとめてみる。大きく、①研究者レベル、②学生レベル、③機関レベルの３つに分けられる。

　まず①では、学際的研究や研究連携を推進すべきであるという提案がある。そのためには、様々な研究領域における研究そのものを強化すべきである。次に②では、留学生も含めた学生への教育が課題となる。一つには専門教育の問題がある。基礎的な教育は言うまでもなく、記述的・理論的研究が自立して行えるように教育していくことが求められる。もう一つには言語教育の充実がある。外国語としての英語だけではなく、母語教育の推進が必要である。最後に③は、大学等における国際交流の充実という課題である。姉妹提携、アウトバウンド・インバウンドの充実は、さらに求められるだろう。

　以上のような課題を本書の各論文は示してくれたが、やはり気になることが残る。グローバル化について考えれば考えるほど、どうしてもローカル（地域・伝統）に関する知のことを考えてしまう。海外に自国のことを発信しようとすればするほど、自国のことに執着してしまう。自国のことを何も知らないことに気づかされる。どこまで学んでも、何か足りないような気がする。本当は、恥ずかしくないくらいの知を蓄積してから海外に発信すべきであろうが、それはできていない。ここらあたりまでで十分だと自分勝手に線引きをして、そこまでの知を発信している。しかも、それをグローバル化と呼んでいたりする。そろそろ自分の中だけでなく、様々なレベルで飽和状態が来ているのではなかろうか。

　次のデザインを考えなければならない。

2019 年 10 月

山口大学大学院東アジア研究科　有元光彦

執筆者紹介

葛　崎偉（山口大学教育学部教授、山口大学大学院東アジア研究科長）
富士通テン株式会社勤務、山口大学助教授を経て2004年より山口大学教授.
2017年より山口大学大学院東アジア研究科長。専門は情報科学、情報教育。主
な論文に"Properties and Judgment of Determiner Sets"（T.Goto, K.Tanaka, M.
Nakata, Q.W.Ge, IEICE Trans. Fundamentals, E102-A（2）, 365-371, 2019）、
"Dependent Shrink of Transitions for Calculating Firing Frequencies in
Signaling Pathway Petri Net Model"（A.Mizuta, Q.W.Ge, H.Matsuno,
Algorithms 10（1,4）2016）など。復旦大学卒業、広島大学大学院修士、博士課
程修了。工学博士。

金　鍾徳（韓国外国語大学校名誉教授）
韓国外国語大学校日本語大学教授、同大学日本研究所長、副学長などを歴任。
2018年より同大学名誉教授。専門は源氏物語を主とした日本中古文学。主著と
して、『源氏物語の主題と作意』（J&C、2014）、『平安時代の恋愛と生活』（J&C、
2015）、「日韓女流文学における固有文字の発明」（『東アジア研究』山口大学東
アジア研究科、2015）、「紫式部の想像力と源氏物語の時空」（『東アジアの文学
圏』笠間書院、2017）など。東京大学文学部大学院国語国文学博士課程修了。文
学博士。

胡　令遠（復旦大学日本研究センター教授、同センター所長）
復旦大学日本研究センター講師、副教授を経て、2002年より同センター教授。
現在、同センター所長を務める。東京大学東洋文化研究所外国人研究員、京都
大学人文科学研究所客員教授なども歴任。専門は中日関係、文化・文明と国際
政治。主著として『東亜文明的共振與還流』『超越與再構築－戦後中日関係論
考』など。復旦大学大学院文学専攻博士課程修了。文学博士。

ソムチャイ　チャカタカーン（タマサート大学理工学部助教授、同学部長）
タマサート大学理工学部助教授、タマサート大学東アジア研究所長、タマサー
ト大学副学長を歴任の後、2017年より同大学理工学部長を務める。専門は、作
物の栽培学（主として稲作、畑作物の栽培条件）に関する研究。主な論文に
Doi, R., Itoh, M., Chakratrakan, S. and Uga, S.（2016）"Epidemiological
Investigation of Parasitic Infection of Schoolchildren from Six Elementary

Schools in Sakon Nakhon Province, Thailand" *Kobe J. Med. Sci.*, 62（5）：E120-E128、Chakatrakan, S., Poomipan, P. and Thepsilvisut, O.（2017）"Effect of Cement Industrial Waste on Growth and Yield of Pathum Thani 1 Rice" *Thai science and Technology Journal.* 25（1）：66-74. 東京農業大学卒業、同大学修士、博士課程修了。農学博士。

山本冴里（山口大学国際総合科学部、山口大学大学院東アジア研究科准教授）Université Charles de Gaulles-Lille 3 日本語講師、山口大学留学生センター講師などを経て 2018 年より現職。専門は日本語教育、複言語教育。主著に『戦後の国家と日本語教育』（くろしお出版 2014）、訳書に、欧州評議会言語政策局著『言語の多様性から複言語教育へ―ヨーロッパ言語教育政策策定ガイド』（くろしお出版 2016）。早稲田大学日本語教育研究科修了。日本語教育学博士。

鷹岡　亮（山口大学教育学部、山口大学大学院東アジア研究科教授）電気通信大学大学院情報システム学研究科助手、山口大学講師、助教授、准教授を経て 2014 年より現職。専門は教育工学（特に、学習支援技術の研究・開発、情報教育に関する研究・教育実践）に従事。主な論文に、Takaoka, R., Shimokawa, M. and Okamoto, T.（2012）"A Development of Game-based Learning Environment to Activate Interaction among Learners" *IEICE TRANS. INF.&SYST.*, vol.E95-D, no.4, pp.911-920. ほか。電気通信大学大学院情報システム学研究科後期博士課程単位取得退学。博士（工学）。

熊井将太（山口大学教育学部、山口大学大学院東アジア研究科講師）広島大学大学院教育学研究科助教を経て 2012 年より現職。専門は教育方法学、教授学。主な著書に『学級の教授学説史―近代における学級教授の成立と展開』（渓水社 2017）、編著書に『「エビデンスに基づく教育」の閾を探る』（春風社 2019、杉田浩崇と共同編集）。広島大学大学院教育学研究科修了。博士（教育学）。

北沢千里（山口大学教育学部、山口大学大学院東アジア研究科准教授）デューク大学、カーネギー・メロン大学博士研究員、日本公定書協会臨時職員、山口大学教育学部講師を経て 2009 年より現職。専門は進化発生生物学、生物教育。主な論文に、Kitazawa, C. & Amemiya, S.（2007）"Micromere-derived signal regulates larval left-right polarity during sea urchin development." *J. Exp. Zool.* 307A: 249-262、Kasahara, M., Kobayashi, C., Sakaguchi, C., Miyahara, C., Yamanaka, A. & Kitazawa, C.（2018）"Effects of nodal inhibition on development of temnopleurid sea urchins." *Evol. Dev.* 20: 91-99 など。東京大学大学院理学系研究科博士課程修了。博士（理学）。

山中　明（山口大学理学部、山口大学大学院創成科学研究科教授）
山口大学理学部助手、助教授を経て 2016 年より現職。2018 年より理学部副学部長。専門は昆虫生理学。主な著書に『回遊・渡り　巡（ホルモンから見た生命現象と進化シリーズ VI）』（裳華房，2016）。主な論文に、Yamanaka, A. *et al.* (2004) "Hormonal control of the orange coloration of diapause pupae in the swallowtail butterfly, *Papilio xuthus* L. (Lepidoptera: Papilionidae)." *Zool. Sci.* 21: 1049-1055 など。北海道大学大学院地球環境科学研究科博士課程中退。博士（学術）。

赤星　冴（山口大学教育学部附属光小学校教諭）
岩国立麻里布小学校教諭を経て、2016 年より現職。専門は理科教育、海洋教育。主な論文に、Kitazawa, C., Akahoshi, S. *et al.* (2015) "Development of the brittle star *Ophiothrix exigua* Lyman, 1874 a species that bypasses early unique and typical planktotrophic ophiopluteus stages." *Zoomorph.* 134: 93-105、北沢千里・赤星冴他. (2017) "スケルトン型ウニモデル：生物の体のつくりを理解するためのモデル化教材の考案と活用", *学部・附属研究実践研究紀要*, 16: 61-69. 山口大学教育学部卒。学士（教育学）。

田中理絵（山口大学教育学部、山口大学大学院東アジア研究科准教授）
山口大学教育学部講師、助教授を経て 2006 年より現職。専門は教育社会学、発達社会学。主な著書に『家族崩壊と子どものスティグマ』（九州大学出版会 2004 改訂版、単著）、『人間発達論特論』（放送大学教育振興会 2015、共編著）、『変動社会と子どもの発達』（北樹出版 2015、共著）、『現代の家庭教育』（放送大学教育振興会 2018、共編著）など。九州大学大学院教育学研究科修了。博士（教育学）。

林　呈蓉（淡江大学歴史学系教授、文学院院長）
淡江大学歴史学系副教授等を経て 2007 年より淡江大学歴史学系教授。同大学文学院院長を兼任。
専門は、日本対外関係史、日本統治時代の台湾史、中日関係史、日本史など。
主著として『福沢諭吉と「学問の勧め」』（五南図書出版公司）、『台湾渋外関係史概説』（五南図書出版公司）、『水野遵：一個台灣未來的擘畫者』（台湾書房）、『皇民化社会的時代』（台湾書房）など。

御茶の水女子大学人間文化研究科比較文化研究。人文科学博士。

陳　慎慶（Shun-hing Chan）（香港バプティスト大学宗教哲学教授）
宗教社会学、教会－国家関係、宗教と社会運動を研究分野とする。主な論文に Wing-leung Law との共著 "Revisiting Religion and Civic Virtue in Contemporary China: The Case of Shouwang Church in Beijing." In *De Natura Fidei: Rethinking Religion across Disciplinary Boundaries*, Jibu Mathew George（ed.）. New York: Palgrave Macmillan, 2018. のほか、*Annual Review of the Sociology of Religion, China Quarterly, Chinese Sociological Review, Inter-Asia Cultural Studies, International Sociology and Journal of Church and State* などの各学術誌への掲載論文多数。香港中文大学 Ph.D.

森下　徹（山口大学教育学部、山口大学大学院東アジア研究科教授）
山口大学講師、助教授を経て 2010 年より現職。専門は日本近世史。主著に『日本近世雇用労働史の研究』（東京大学出版会）、『近世瀬戸内地域の労働社会』（渓水社）、『武家奉公人と労働社会』（山川出版社）、『武士という身分』（吉川弘文館）、『近世都市の労働社会』（吉川弘文館）。東京大学大学院人文科学研究科修了。博士（文学）

石井由理（山口大学教育学部、山口大学大学院東アジア研究科教授）
山口大学教育学部講師、助教授を経て 2006 年より現職。専門は比較教育、国際理解教育。主な著書に *Development Education in Japan*. New York& London: Routledge Falmer, 2003," The roles played by a common language and music education in modernization and nation-state building in Asia" *Espacio, Tiempo y Educacion*, v.5, no.2, 2018, pp. 55-76（doi:http://dx.doi.org/10.14516/ete.221）など。Institute of Education University of London 博士課程修了。Ph.D.

有元光彦（山口大学国際総合科学部教授、山口大学大学院東アジア研究科社会システム分析講座主任）
専門は言語学、特に日本語方言の音韻論。主著には『九州西部方言動詞テ形における形態音韻現象の研究』（ひつじ書房 2007）、『はじめて学ぶ方言学』（ミネルヴァ書房 2016）、『山口県のことば』（明治書院、2017）、「出雲方言における感動詞類「け（ー）」について」（『感性の方言学』ひつじ書房 2018）等のほか、『日本語学大辞典』（東京堂出版 2018）、『明解方言学辞典』（三省堂 2019）等がある。博士（学術）。

山口大学東アジア研究叢書5

成長するアジアにおける教育と文化交流

令和2年3月23日　発行

編　　著　国立大学法人山口大学大学院東アジア研究科
編集責任　石井由理・熊井将太
発 行 所　株式会社　渓水社
　　　　　広島市中区小町 1-4（〒 730-0041）
　　　　　電　話（082）246-7909／FAX（082）246-7876
　　　　　e-mail:info@keisui.co.jp

ISBN978-4-86327-503-4　C3036